のれんの本

太田和彦の全国居酒屋巡礼

監修 太田和彦

目次

全国居酒屋巡礼

東北

北陸

中国四国

九州沖縄

データ凡例

【酒】
酒名（産地）種類 値段

はじめに

……太田和彦

仕事や旅行で初めての町に行き、夕方の灯ともし頃となれば、居酒屋の暖簾をくぐるのが楽しみだ。

地酒、地魚、地元の人だけが食べている土地の酒の肴。なによりも日ごろの生活、しがらみを離れた解放感がいっそう酒を旨くする。

しかし初めての町でそんな期待を満足させる店を見つけるのはなかなか難しい。全国どこも画一化が進み、駅前はどこも同じ光景になり、飲み屋街とてチェーン店が目立つばかりだ。

そうでなく、地元の人が通い続ける古くからの居酒屋に入ってみたい。

私はそんな店を探して日本各地を歩いた。そして地方にはまだまだ古きよき土地の居酒屋のあることを知った。再開発から取り残された昔の繁華街や裏通りにひっそりと、地元の人がわが家のように黙って飲んでいる店。そこで盃を傾ける喜びは、自分もその土地の人になった気持ちの喜びだ。それが最上の酒の肴になる。

この本は私の推薦した全国の居酒屋から

掲載を了承いただいた59軒に、編集部推薦の2軒（銀平、桃若）を加え、編集部に取材・執筆していただいた。59軒は、すべて私が入った店だ。何度も通っているところもいくつもある。また東京の店はいずれも東京の居酒屋を知ってもらうのにふさわしい所ばかりだ。

日本中どこへいってもなじみの店があるのは楽しい。酒も肴も嗜好品、また店の雰囲気も人により好みはそれぞれ、と充分言い訳したうえで、居酒屋好きの皆さんにおすすめします。

東京

シンスケ

これが東京正統の居酒屋カウンターに心意気を見る

「カウンターは居酒屋の心意気」と、平成４年の改装時に据え付けた無節一枚板のカウンター。ここを挟んで客と主人が相対する

カウンターの一番手前に座り、店内を眺める。この感覚は一体何だろう。何故だか不思議と落ち着く、肩からふっと力が抜ける。これが名居酒屋と言われるこの店の、見えざる力なのだろうか。

　カウンターの中は一段低くなっており、客が座った時の目線と、立ち働く主人の目線がちょうど合うように設計されている。椅子も特注品で、カウンターに軽く肘をつける高さになっている。

「カウンターは居酒屋の心意気、と言われましてね」

　平成4年に店を建て直した。その時に無節の一枚板を探し出し、据え付けた。

「これだけのものになると、木場に行ってもなかなかなくて」

　このカウンターが店内を貫き、一本筋の通った店の信念を表しているようだ。

酒のシンボル酒林が下がる店の入り口

もともと店は酒屋だった。居酒屋のルーツは、酒屋の脇で立ち飲みさせたところから始まる。店は大正時代から続いているが、主人は「流れ」というものを大切にしている。

「お客様への挨拶や、仕事に対する心構えなどは、昔も今も変わらないと思います。しかし、時代は流れるものです。店も流れるしお客も流れる。そんな中で、お客様の肩幅の自由を守るのが、私どもの役目なのです」

居酒屋はあくまで客が主役、という信念が貫かれている。余計な口出しはしない。しかし、良き話し相手になる。カウンターを挟んで、客と主人が絶妙の距離を保つ。これがいい居酒屋の条件だ。

酒は秋田の両関のみ。蔵元とは親子三代の付き合いとなっている。造る側と供する側、商売を超えた信頼感は、お互いを高めて行く。

現在店で出している辛口は、店と蔵元との協力で出来上がったものだ。

時代を超えて変わらないもの、そして変わっていくもの。時は流れても、そこに「シンスケ」があることは変わらない。

好物の肴と酒を前に、相好を崩す太田氏
「シンスケ」は特にお気に入りの店だ

太田氏の好物でもある
「久里浜のたこ」1500円

酒は秋田の両関のみ。お品書きは毎月4～5種類ずつ入れ替わる

「ねぎぬた」700円と「にしん山椒漬」700円

ミスマッチが思わぬ一品を生んだ「きつねラクレット」900円（ラクレットとはスイスのチーズの名前）

人気メニューの一つ「手造りサツマ揚げ」1100円

●しんすけ
東京都文京区湯島3-31-5
☎03（3832）0469
営業時間　17：00～22：00
（21：30ラストオーダー）
定休日　日曜、祝日
交通　営団地下鉄千代田線　湯島駅より徒歩３分

【お品書き】
しめ鯖 1800円／牛すね肉の醤油煮込み 1200円／里芋と蛸の柔か煮 900円／いわしの岩石揚げ 900円／自家製ぎんだら西京焼 1200円／シンスケ風冷奴 500円／鯛茶漬 1300円／他

【酒】 正一合
両関（秋田）純米酒 520円、本醸造 500円、大吟醸 750円（グラス）、純米吟醸酒 600円（グラス）、樽酒 600円／他

東京

鍵屋

「居酒屋で飲む理由」それがわかるような本当の居酒屋

暖かい灯りが今宵もまた酒を愛してやまない人の足を止めさせる

住宅街の路地を抜けて行く。行灯の灯りに思わず足を止める。暖簾をくぐり店内に入ると、まるで時代から取り残されたかのような空間が目の前に存在している。

「まるで時代劇のセットのようだ」

そう表現する人もいた。そこにいると、「時」を感じずにはいられない。

つまみは定番の17種類のみ。酒も地酒などではなく、「大関」「菊正宗」「桜正宗」3種類だけだ。料理も酒も豊富な最近の居酒屋と比べると、いささか見劣りしてしまう。しかし「これが本当の居酒屋」と多くの酒呑みを唸らせ、度々足を運ばせる魅力は何か。

もちろん酒や料理も大事だが、居酒屋は店の雰囲気、あるいは主人の人柄と言い換えられるかもしれないが、何といってもこれが肝心だ。店の雰囲気を肴にして、酒はさらに進むのだ。その空間で何を想うのかは人それぞれだ。

「たたみいわし」610円

カウンターに肩を寄せ合い男達が酒を酌む。そこは男達だけの聖域だ

もともと居酒屋は、男が一日の緊張感を解きほぐす場所だった。時に猥雑な話も上っただろう。家路につく男の、一つの句読点が居酒屋での一杯だったのだ。そこでは皆仮面を脱ぎ、束の間素顔の自分に戻る。店は現在、女性だけの客はお断りしているそうだ。

早い時間は常連が多い。決まった時間に店に来て、決まったつまみで決まった量の酒を飲んで帰っていく。終の棲家の近くには、是非いい居酒屋を、それが幸せというものかもしれない。

主人は柄のついた一合桝と漏斗を使い、徳利に酒を注ぎ、年代物のガス式銅壷で燗をつける。その仕草には、職人が仕事をする時のように一定のリズムがある。そんな景色を眺めているだけで、なんとなく酒も旨くなってしまうから不思議なものだ。

居酒屋で飲む理由とは、実はそんなところにあるのかもしれない。

いわゆる湯豆腐「煮奴」550円と「うなぎぴりから焼き」610円

鯨の脂身の部分「さらしくじら」710円。つまみはどれも800円以下のものばかりだ

主人の清水賢太郎さん。燗をつける様はまるで職人技のよう

かつては永井荷風や山口瞳らも訪れていたという

●かぎや
東京都台東区根岸3-6-23-18
☎03(3872)2227
営業時間　17：00～21：30
定休日　日曜、祝日
交通　JR鶯谷駅より徒歩６分

【お品書き】
とりかわやき 480円／とりもつやき 510円／味噌おでん 510円／合鴨塩焼き 550円／とりもつなべ 660円／とりかわなべ 660円／もずく 510円／かまぼこ 510円／冷奴 490円／他

【酒】正一合
大関（兵庫）500円／菊正宗（兵庫）500円／桜正宗（兵庫）500円、冷酒 880円／他

東京

みますや

店内は天井が高くて貫禄がある。終日あちこちから会社帰りのサラリーマンたちが集まり、注文の声が飛び交う。世代を超えて訪れる客も少なくない

時代の移り変わりとともに生きてきた居酒屋の老舗

創業明治38年、東京・神田に店を構えた「みますや」は、毎日サラリーマンたちの熱気で活気づいている。戦後、神田は大手企業の本社ビルが立ち並び、オフィス街へと一変した。それまでは、職人や商売人の多い町として繁栄していた。居酒屋という商売は、町の様相が変わっても客がいる限り潰れはしない。働く男たちの憩いの場となり、愛される存在なのだ。

店の建物は関東大震災で崩壊し、昭和3年に建てられたものである。今では周りの建物も鉄筋ビルに変わってしまい、当時の名残はほとんど見られない。唯一残されたこの店だけが、ぽつんと1軒だけ存在している。その光景はノスタルジーを感じさせ、縄暖簾と赤提灯がどこか懐かしく、明治、大正、昭和の時代を生きてきた者たちに魅力を感じさせる。

赤提灯に書かれた「どぜう」という言葉に惹かれて、店へと足を踏み入れる。いやに高い天井と梁を渡した古い造りが、一挙に昭和初期の日本へとタイムスリップした気分にさせる。ずらっと吊るされた品書きから、まずは「さくらさしみ」を選んだ。思わず値段の安さに惹かれてしまった。特上もあったが、いきなり上

主人の岡田勝孝さん

「やながわ鍋」８００円。創業当時から店の看板メニューになっている。山椒の香りが食欲をそそる

戦前から国産牛肉を100%使っていたという「牛にこみ」 600円

「さくらさしみ」1300円。値段の手頃さが魅力で、冷酒との相性が抜群

級クラスの料理を選んでは、後の楽しみが続かない。次に「牛にこみ」を注文する。もっとも居酒屋らしいメニューも味わっておきたいという欲求が抑えられなかった。煮込みといってもモツではなく、一見すき焼きのように思えた。戦前からの人気メニューであり、当時は珍しいものであった。そして「やながわ鍋」を頼む。東京でも専門店に行かないと、なかなか旨いものはいただけない。まったく泥臭さがなく、酒との相性がいい。その上良心的な値段が嬉しい。

日本の戦前と戦後を見続け、その時代を生きる者たちに快楽の場を提供してきた。来る客は変わっても、店の品書きと主人の接客態度は受け継がれ、今なお守り続けられている。

新世紀を目前にし、過ぎ去ろうとする20世紀の忘れ形見として残したい店だ。

店の脇にずらっと並んだ品書き。しみだらけの柱が歴史を感じさせる

店の建物は昭和３年に建てたもの。空襲で焼けることもなく今も平然としている

●みますや

東京都千代田区神田司町2−15
☎03(3294)5433
営業時間　11：30〜13：30
　　　　　17：00〜23：00
定休日　日曜、祝日
交通　営団地下鉄丸の内線　淡路町駅より徒歩５分

【お品書き】
特上さくら刺 2000円／さんまさしみ 500円／江戸前たこ刺 500円／こはだ酢 500円／〆さば 600円／どぜう丸煮 600円／鳥手羽揚煮 500円／骨付ふぐビール揚 800円／肉豆腐 400円／めかじき照焼 500円／他

【酒】
白鷹(兵庫) 本醸造 800円(二合)／立山(富山) 本醸造 750円(一合)／八海山(新潟)本醸造 750円(一合)／他

東京

山利喜

食材には季節があり旬がある日本人の四季を楽しむ豊かさ

赤い大きな提灯を先頭に、今日も行列ができる。「大衆酒場」という看板に偽りなし。良心的な値段は懐にうれしい

食材には季節や旬があるということを、我々は時として忘れてしまう。ハウスものの野菜、冷凍保存された魚。それらは季節を問わず我々の前に姿を現し、食卓を彩る。しかし同時に、季節感というものを奪ってしまう。

その季節感を山利喜は思い出させてくれる。夏になって品書きに上るのは「なすぬか漬け」。切らずに一本丸ごとかぶりつくのもいい。冬になれば「あん肝」「しめさば」。そのどれもに必要最低限ながら、しっかりとした仕事がなされている。

しかし、「山利喜」といえばなんと言っても「にこみ」だ。牛の小腸を7時間煮込む。そこに、東京では珍しい八丁味噌で味付けをする。50年注ぎ足し注ぎ足し作られてきた味は、ちょっとやそっとじゃ真似できない。

50円プラスすれば、同じ鍋で煮られた玉子が入る。常連は「にこたま」と頼む。そし

三代目主人の山田廣久さん

あまり効かせ過ぎず、酢加減が絶妙「こはだ酢」450円

何といってもこれ「にこみ玉子入り」530円と「ガーリックトースト」220円

塩かタレか選ぶことができる「やきとん」240円(一人前２本)

「鶏レバテリーヌ」500円

5時開店、6時にはもう満席という混みようだ

売り切れた品は裏返しにされる

て「ガーリックトースト」を注文する。「にこみ」と一緒に食べるのだ。ミスマッチかと思いきや、これが絶妙の取り合わせ。最後には、汁の一滴まできれいにつけて平らげてしまうはずだ。

昔は「にこみ」と「やきとん」だけ、現在のようにテーブルはなくカウンターのみの店だったそうだ。

「呑み方が変わりましたよ」

三代目主人の山田廣久さんが言う。昔のように一人で店に来て、常連同士仲良くなるようなことは少なく、グループで呑む客が多くなってきたそうだ。

しかし、大衆酒場としての山利喜は、昔も今も変わっていない。それは良心的過ぎると思える値段からも言えることだ。6時を過ぎる頃には店の外に行列ができる。

食材をその季節に食す。そしてまた次のシーズンを待ちわびる。そうやって日本人は四季を楽しんできたのだ。

さて、この時期にはどんな肴が楽しめるのか？　季節感を取り戻しに、今日も店へ向かう足は速まってしまう。

●やまりき
東京都江東区森下2-18-8
☎03(3633)1638
営業時間　17：00～22：00
定休日　日曜、祝日
交通　都営地下鉄新宿線　森下駅より徒歩１分

【お品書き】
やきとん(軟骨たたき、がつ、たん、かしら他) 240円(一人前２本)／芝えびオイル煮スペイン風 550円／鱈入り湯豆腐 700円／ポテトフライ 450円／生野菜の焼きみそ添え 600円／他

【酒】正一合
十四代本丸(山形)本醸造 800円／吉乃川(新潟)吟醸 650円／久保田千寿(新潟)本醸造 800円／磯自慢(静岡)本醸造 650円／酔鯨吟麗(高知)純米吟醸 800円／他

東京

大はし

下町千住で旨いもの「牛にこみ」はどうにもクセになる味

現在の店は商店街の中にある。建物は築100年を超す。客は思い思いに酒を楽しむ

東京の下町千住に、千住らしい飲み屋がある。それは、同じ下町でも浅草や神田とは違う。言ってみれば極めて庶民的、実生活の臭いのする下町、それが千住だ。

そこに明治10年創業の居酒屋がある。開店当初は千住大橋の袂にあったことから、店の名は「大はし」。もともとは肉屋を営んでいて名物は「牛にこみ」そして「肉とうふ」。現在の主人神野彦二さんは四代目に当たる。

「にこみ」といっても、モツ（内臓）ではない。かしらの部分を使っている。灰汁をすくいながら長時間煮込む。

「常連のお客さんになると、いろいろ好みがあってね。良く煮えてとろとろのやつがいいとか、煮え過ぎてなくて歯応えがあるのがいいとか。一つの鍋の中でも、場所によって煮え方を違えてありますから、お客さんの好みによって

カウンターの中で、主人が大鍋で煮込む「牛にこみ」と「肉とうふ」

にこみを作り続けて50年。四代目主人の神野彦二さん

豆腐には味がしっかりと染み込み、肉はとろりと柔らかい。ひとりで2皿3皿平らげる人もいるとか、「肉とうふ」320円

「千住で２番」とある。１番はお客さんということ。常連だった画家伊藤晴雨の言葉だ

さっぱりとした肴も欲しいところ、「こはだ」450円

「牛にこみ」320円。最近は焼酎が人気

ちょっと珍しい「はぜ南蛮漬」400円

お出ししますね」

　味付けは醤油だ。普通の煮込みのように味噌は使わない。見かけの色よりずっとあっさりしている。

　「肉とうふ」は、「牛にこみ」と同じ鍋で煮た豆腐がつく。豆腐は特注ものだ。長時間煮ても煮崩れせず、かつ柔らかさを保っている。味は充分染みて、一度口にするとその味を反芻せずにはいられない。

　気兼ねなく、ちょっと寄って一杯引っかける。つまみは「牛にこみ」で。「大はし」はそんな町場の居酒屋だ。

●おおはし
東京都足立区千住3-46
☎03(3881)6050
営業時間　16：30～22：30
定休日　日曜、祝日
交通　営団地下鉄日比谷線　北千住駅より徒歩５分

【お品書き】
とんかつ 730円／串かつ 420円／揚げ出し 370円／あら煮 450円／ぎんなん塩焼き 450円／め昆布おひたし 350円／しゃこ 400円／白子ポンズ 450円／きぬかつぎ 320円／オムレツ 420円／アスパラ 370円／セロリー 370円／他

【酒】
山形正宗（山形） 320円／焼酎 250円（梅割り） 1250円（ボトル）／他

手狭なカウンターに仕事帰りに殿方が肩を寄せ合う。この狭さが主人と客、客と客を触れ合わせ、魚竹の雰囲気を作る

東京

魚竹

無類の魚好きが肩を寄せ合い触れ合える旨い吐息と感嘆の店

東京の台所、築地の魚河岸と高級歓楽街、銀座に挟まれた場所に魚竹はある。仕事の後の一杯を楽しむサラリーマン、もしくは築地の観光客が行き交う通り、注意しなければ行き過ぎてしまいそうなひっそりとした地味な佇まいの店。しかしそこに滅法旨い魚が入ってくる。

先代が新潟から築地の魚屋に奉公したのが「魚竹」の始まりである。このあたりは仕出しを専門とする魚屋が居酒屋になる場合が多い。「魚竹が居酒屋になったのは今の二代目が足を悪くしたのがきっかけだった。

見よう見まねで始めた居酒屋も魚屋時代の腕を活かして創業25年になった。魚好きもとことん高じた。主人が魚好きなら客も好きだ。蘊蓄を語る客もいれば、黙って味わう客もいる。ただ言えるのは魚竹は本当の魚を味わえる店だということ。

残暑が厳しい日だったからさっぱりしたものが食べたかった。まず色見の良い青柳とオクラの酢味噌添え、そして

人柄勝負！ 主人の早川一男さん

こはだをオーダーしてみる。両方、酢の物だけに、実に清涼感があり、それでいて歯応え十分で新鮮な味わいだ。やはり魚は新鮮さが何よりだ。次に何にしようか迷っていると主人は厚焼玉子を勧めてくれた。

「魚竹」なら普段は蛸のあら塩焼きが定番だ。しかし主人のお母さんが作る厚焼玉子は隠れた名品である。一見、無骨で変哲もないが、おろし大根をつけていただくとすこぶるつきだ。懐かしさと控えめな甘さがとても美味しい。

「魚竹」は狭い。しかしお母さんはこう言う。「席を詰めてもらったりするでしょ、それがお客さんとの触れ合いなのよ」と。

狭いから触れ合える、あとは「旨かった」と言ってもらえるだけで魚竹はこれからも続けるられると、主人は自信を持って言う。

魚が好きなら魚竹ははずせない。

築地と銀座に挟まれた狭い通りにひっそりと佇む店構え

暖簾も質素で控えめな雰囲気で良い

「黒帯」800円。冬期限定の群馬泉、初搾りは「魚竹」自慢の逸品

「青柳とオクラの酢味噌添え」700円。「こはだ」600円。どちらもあっさりとしているが確かな味わい

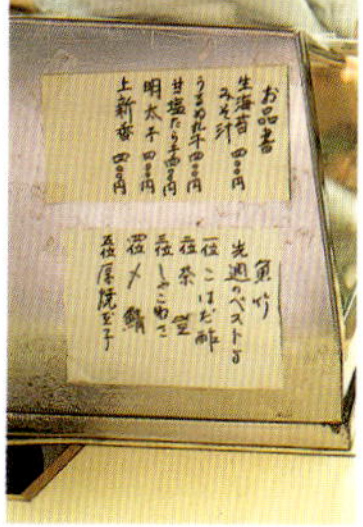
目立たない所に控えめに貼られた「魚竹」のベスト10

主人のお母さんが作る隠れた人気メニュー「厚焼玉子」700円

●うおたけ
東京都中央区築地1-9-1
☎03(3541)0168
営業時間　11：00～14：00（ランチ）
17：00～22：00
定休日　土、日、祝日
交通　営団地下鉄日比谷線　築地駅より徒歩5分

【お品書き】
真鯛かぶと煮 1200円／さざえつぼ焼 800円／生干はたはた焼 700円／北海道鵡川 子持ししゃも 1200円／房州真鯛刺身 1300円／下田するめいか 900円／他

【酒】 グラス
浦霞（辛口） 700円／立山（富山） 600円／群馬泉 800円／他

東京

魚三酒場

老若男女が渦巻くカウンターに門前仲町の今が広がる

成田山新勝寺の出張所深川不動尊、また富岡八幡宮で有名な門前仲町。ひとたび路地へ足を踏みいれるとたちまち下町の風情にそこここで出くわす。ただ大江戸線の開通に伴い、この周辺もビルの巨大化は否めない。

　そんな近代化の大波と穏やかな下町の情緒が滲み合う路地の狭間で、どっしりと腰を据えている居酒屋がある。それが「魚三酒場」である。不思議な名前の店だ。前身は魚屋、だから魚三なのだが、その絶大な支持は揺るぎない。

　今日は国民の祝日だと思いきや開店30分前から行列が出来ていた。みな新鮮な魚をもとめて何処からかやって来る。20年来の常連もいれば若いカップルもやって来る。

　かつお、かんぱち、もんげそ、ホタテ、甘えび、これだけ頼んで１６６０円。どれも新鮮で歯応えがあり旨い。「魚三酒場」は魚の新鮮さと安さが人気の理由だ。常連から「これだよ、これが食べたかった」という声があがる。酒もシンプルなものだ。日本酒は白鹿（ピリ辛）、金亀（甘口）、大関の3種類。それにビール、ウィスキーがあるだけ。つまり魚三の魚に合う酒は決まっていてお客は迷わ

カウンターを切り盛りする主人のお姉さんである佐藤静江さん。その笑顔に優しさが窺える

「鰹」350円。11月頃になると脂がのった戻り鰹が入ってくる

カウンター席は常連と仕事帰りのサラリーマンで一杯だ。カップルも良く来るため臆することなく気軽に入れる

「かんぱち」530円。「ホタテ」330円。どちらも大ぶりでもっちりとした食感

門前仲町の清澄通りにどっしり腰を据える店構え。外から魚三の活気溢れる店内を伺うことができ、食欲を増進させる

なくてすむ。

一階はカウンター席になっていて、主人のお姉さん、静江さんが迎えてくれる。言葉は少々荒っぽいが笑顔が優しさを代弁してくれる肝っ玉母さんだ。

主人は店には出て来ない。地下の調理場で黙々と魚を捌く。こうしたコンビネーションが魚三に来るお客に安心を与えてくれる。

少々荒っぽい言い方をすれば、カウンターで長居は出来ない。魚三を知るお客なら新鮮な魚をコップ酒で味わう。魚好きが魚を味わい一時の幸せを感じることが出来る。それでいいのだ。それが魚三流なのだろう。老若男女が渦巻く魚三のカウンター、門前仲町の今を象徴していた。

魚三酒場と書いた暖簾が客を懐深く迎えてくれる

●うおさんさかば

東京都江東区富岡1-5-4
☎03（3641）8071
営業時間　16：00～22：00まで
定休日　日曜、祝日
交通　営団地下鉄東西線　門前仲町駅よりすぐ

【お品書き】
鯨さしみ 430円／ルイベ 430円／はまち 400円／しまあじ 530円／鯛塩焼き 600円／さわらやき 330円／中トロ 630円／あじたたき 250円／ぼたん海老 520円／つぶ串 330円／小柱わさ 330円／他

【酒】 グラス
金亀（滋賀）180円／白鹿（兵庫）180円／生酒 580円／大関（兵庫）380円、枡酒 380円、大徳利 1400円／他

色、姿が見事な「甘えび」330円。新鮮だからこそ内臓の部分も美味しくいただける

東京

味泉

酒落てるが気取りもてらいもない。旨い酒と肴に会える店

味泉名物「煮穴子」1200円～。外はカリッ、中はフワッの逸品

海からビルの谷間へ時折吹く風にあおられながら歩いていると、灯りをともしたモダンなオブジェのようなものが目に入る。良く見ると店の看板。肴や「味泉」。

　中を覗いてみる。一見お洒落なバーとも思えたが、地酒と、刺身を中心とした肴を出してくれる居酒屋である。

　ガラス張りのドアの取っ手を押す。ずっしりとした重みを感じながら〝気取ったとこなのかな〟とか〝もしかしていちげんさんは嫌われるなんてことは…〟などと考えてしまう。入り口の暖簾を分けつつ、最初に目に飛び込んだのは、カウンターの上にずらりと並んだ酒瓶。見まわすと、壁にびっしりと貼られた手書きのメニュー。神棚。テーブル席とカウンター席。心地良く流れるジャズ。

　外観とはずいぶん印象が違ったので、驚きながらもほっとする。いい〝居酒屋〟には、この〝ほっ〟がある。誰もが

主人の荒木眞一さん。優しげな目が印象的

「自家製さつま揚げ」600円。
「刺盛」2000円～。亀翔 純米吟醸
小グラス 700円

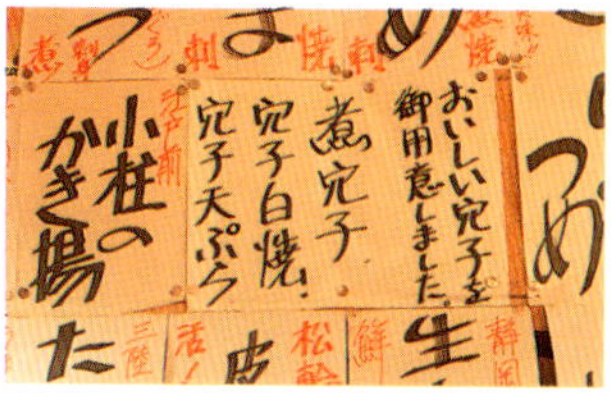

壁には主人による手書きのメニューが貼ってある

静岡産の「生しらす」600円～。
天の戸 美酒 純米吟醸（グラス）
650円

カウンターとテーブルがある。カウンターの一番奥がおすすめ

モダンな看板と、満月と大漁船をイメージしたオブジェ

求め、最も重要とされ、評判の店には必ずあるもの（この場合、完全に店主の人柄による人気そのものという事が多いようだが）。

一人で飲むならカウンターの一番右端をおすすめする。店の一番奥にもあたるこの席は、カウンターの中の動きが見え、主人とも言葉を交わしやすい位置にある。

壁にある本日のおすすめを眺めると、煮穴子がひときわ目立っている。味泉名物ともいえるそれは、まわりカリッで中フワッの絶品。日本酒とも実に良く合う。どの料理にどの酒が合うかなど丁寧に教えてくれるのもうれしい。

「月島はもんじゃのイメージばかりなので、そうじゃないと言いたいですね。築地が近くていい魚が手に入るのに、もんじゃばかりではもったいない」と、主人は残念そうな表情を見せた。

カウンター越しに主人と、魚や釣り、演劇（主人は役者経験あり！）について話しながらほっと一息つけば、酒はますます旨くなるというものである。

●あじせん
東京都中央区月島1–18–10
☎03（3531）2570
営業時間　17：30～23：00
定休日　日、月曜、祝日
交通　営団地下鉄有楽町線　月島駅より徒歩４分

【お品書き】
まぐろ刺身 1200円～／季節の新鮮な刺盛 2000円～／うるめいわし 400円／自家製いわし明太漬 600円～／たこ唐揚げ 600円／くじらベーコン 1200円～／赤ほや塩辛 400円／他

【酒】 全てグラス一合
王禄十渓（島根）純米吟醸 800円／秋鹿山（大阪）山廃純米 700円／渡舟（茨城）純米吟醸 800円／飛露喜（福島）特別純米 700円／他

「かわはぎ肝たたき」1000円。隠し味の味噌の風味が絶妙

東京

佃㐂知

じっくり腰を据えて飲める、銀座飲食街の隠れ家的居酒屋

高級料亭やクラブが建ち並ぶ数奇屋通りを一本入ると「佃㐂知」がある。銀座のネオンに埋もれてしまいそうなほど控えめに。

広すぎず狭すぎずという感じの店内では、一人で飲む男性やカップル、クラブのママと客らしきグループなど、様々なお客がそれぞれの時間を楽しんでいる。

ここに入ってしばらくの間様子をうかがっているとすぐにわかる。お客がとても大事にされていて、主人をはじめとする従業員とお客、お客とお客の関係が非常にうまくいっているということが。

新しく入ってきたお客が全員入れるように、すでに座っていたお客が言われるでもなく席をずれてあげたり、お客同士が声を掛け合ったりする。マナーの良いお客ばかりだ。主人がお客の注文をはっきりとした声で復唱し、他の従業員が元気良くハイと返事をする。なんといってもここは接

主人の小林次寛さん

客が最高。ちゃきちゃきしながらも丁寧かつ上品で、あたたかさを感じる。そしてふくよかなおばちゃんが、温もりのありそうなふっくらした手で、じっくり味のしみ込んだ煮物を出してくれる。そして一杯…。酒も人情も胸にしみるってもんだ。

　もちろん肴にも気合が入っているのは当然。毎日築地で仕入れて来る魚は少量ずつで、全てその日のうちに売り切る。毎日新鮮なものが頂け、しかも良心的な価格がうれしい。関西割烹の老舗「出井」での板前修業をしたという主人の味付けは、素材の良さを生かす薄味で体に優しい。

　主人も説明しがたいくらい魅力的な人だ。頑固そうな面持ちこそしているが、茶目っ気たっぷりの愛嬌ぶりは、こちらの肩の力を抜いてくれる。そんな主人のせいか、ここにいるとなんだか妙に素直な気持ちになる。いつも自分に厳しく真面目に働き、上司の悪口さえ言わない人でも、ここではちらっと愚痴を言ってしまうような…、いつも文句を言っている人は、悪かったなと反省してしまうような…、そんな店。心が頑なになってしまったら、ちょっと寄ってみてはいかがだろうか。

数奇屋通りから一本入ったところにある。小さな店が並ぶ飲屋街

ドアー枚の小さな入り口。裏通りの隠れ家的雰囲気

「田舎大根」800円。じっくり煮て良く味が染み込んでいる

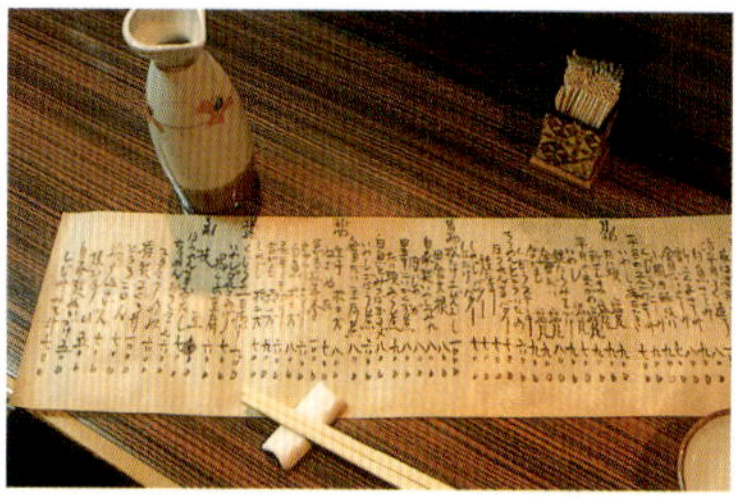
主人による手書きのお品書き。毎日丁寧に書かれる

店とお客が一体となって、その場を楽しんでいる雰囲気が直に伝わる

●つくきち
東京都中央区銀座6-3-7
☎03(3574)1589
営業時間　17：00～23：00頃
定休日　土、日、祝日
交通　営団地下鉄銀座線　銀座駅より徒歩３分

【お品書き】
本まぐろ中おち 1000円／自家製いわしつみれ 800円／肉じゃが 800円／銀だらみそ漬 900円／里芋といかくず煮 800円／きゅうりざく 600円／揚げだし豆腐 600円／自家製ぬか漬 500円／自家製塩辛 700円／しじみみそ汁 700円／他

【酒】
菊正宗（兵庫）600円、樽酒 600円／底ぬけ(500ml) 2000円／他

適度な「暗さ」の店内は落ち着ける雰囲気

東京

鼎

居心地の良い空間に今日も幸せ者達が足繁くやって来る

　階段を下りて重々しいドアを開けると、地上の雑踏とは全く異なった世界が存在している。「鼎」という名は、店を始めた3人の男を、その3本の脚に見立てたものだ。この地に移ってきてから29年。店の造りは和風なのにどこか洋風の薫りがして、不思議と落ち着ける空間だ。柱や梁は黒光りし壁は黄ばんでもいるが、時の流れとそこを訪れた人達が残していった人懐っこさが醸し出されている。

　通りがかりの客がフラリと入って来ることは、まずほとんどありえないだろう。しかし、店が開く時間となると、ここを知り得た幸せ者達が次々と席を埋めていく。

　酒は定番ものが30種類ほど。他に月替わりでおすすめのものを置く。純米以上を基本として、仕込んだ後の管理がしっかりしたものだけを選んでいる。

　この月おすすめの酒は、夏

ホヤをなまこの内臓で味付けした珍味中の珍味「莫久来」（ばくらい）５５０円

を越し熟成が進み初秋に出来上がる「ひやおろし」だ。樽内の酒と外気温が同じになる頃に出荷される。この月替わりの酒を楽しみに通う客も多いとか。

酒は正一合が片口で供される。グラスの酒は少々洒落過ぎ。熱燗ならお銚子もいい。しかし、何と言っても冷やには片口がうれしい。土物の片口とぐい呑みで飲るのは、いかにも酒呑み臭くてたまらない。

美味い酒には旨い肴。お互いに呼び合うのだろうか。酒が美味ければ美味いほど、旨い肴を求めてしまう。

入り口にともる行灯風の看板

蛸や人参の歯応えが冴える自家製「手作りさつま揚」500円

カウンターとほぼ同じ長さの巻紙に書かれたお品書き。毎日書き換える

料理長の永田慎さん

カウンターの向かいに貼り出されたお品書きは、仕入れに合わせて毎日書き換えられる。カウンターとほぼ同じ長さの巻紙に、旬の素材がズラリと並ぶ。目移りするなと言う方が無理というものだ。

さらに大皿に盛られた料理にも目を奪われる。極めて家庭的な味に心が癒される。

店で立ち働くのは比較的若い人が多いが、よく気がつき気分がよい。それでいて過剰なサービスとはならず、さすがと感心させられる。良い居酒屋はこうあって欲しい。

店は地下にある。一歩足を踏み入れると表の喧騒とは別世界だ

初鰹よりも脂が乗り旨味が深い「戻り鰹のたたき」1200円

●かなえ
東京都新宿区新宿3-12-12
吉田ビル地下1F
☎03(3352)7646
営業時間　17：00～24：00
定休日　無休
交通　都営地下鉄新宿線　新宿三丁目駅より徒歩３分

【お品書き】
じゃこ天 600円／鰯すり身はさみ揚 500円／納豆きつね焼 500円／砂肝としし唐炒め 550円／イカ丸干し 600円／このわた 550円／他

【酒】 全て正一合
田酒（青森）特別純米 750円／天狗舞（石川）山廃純米 750円／ひこ孫（埼玉）純米吟醸 1100円／山桜桃（茨城）純米吟醸生酒 900円／黒牛（和歌山）純米 750円／他

東京

吉本

先代の遺志をしかと受け継ぎ
新たな歴史がここから始まる

新装した店と共に気分も一新。研鑽の日々が続く

酒の搾り袋から作った暖簾をくぐると、プンと鼻を突く木の香りに出迎えられる。柱を触ってみると、まだ真新しい木肌の感触が残っている。「吉本」は20世紀の最後の夏に装いを新たにした。しかし、主人はその新しい店を見ることなく、5月に他界している。

26年前、同じ新宿の甲州街道から一本入ったところに、地酒の店として「吉本」は店を開く。「日本人だから地酒の店を」という考えで始めた店だが、当時はまだ現在のような日本酒ブームはなかった。

新装した店には、壁にかかるお品書きなどがまだない。かつては主人自らが筆を取り、季節のおすすめ料理を書き出していたが、それももはやかなわない。それでも、板場にかかる暖簾や座敷の壁にかけられた魚拓などが、先代の遺志のごとく店を飾る。

学生時代は心理学を専攻していた主人は、叔父の影響で

長野南部に伝えられる土地の名物「塩いかきゅうりもみ」700円

改装前の店から引き継がれたものも多い

酒の搾り袋で作った暖簾

この道に入った。酒を売る店を始めて、李白や杜甫といった酒呑みの詩がわかるようになったという。

　現在は息子の大原慶剛さんが跡を継いでいる。全国の蔵元を回って良い酒を選んでくるのは、唎酒師の資格を持っている慶剛さんの役目だ。

珍味の中から好きなものを３点選べる「珍味三点盛り」800円

「自然の素材で、あまり手を加えないで食べることが一番おいしい。

真求美味　シンノウマミ
春苦味　ハルハニガミ
夏酢味　ナツハスッパミ
秋辛味　アキハカラミ
冬油味　フユハアブラミ
食合点　ガテンシテクウ」

　料理は、先代の言葉と共にその信念を守っている。

「まだまだ駆け出しです」

　母親の幸子さんが言う。慶剛さんが店に出始めて6年目。これから、というところだろう。しかし、板前さん始め店の者達がしっかり支えている。ここからが新しい「吉本」のスタートだ。

●よしもと
東京都新宿区西新宿1-13-3
西新ビル3Ｆ
☎03（3348）9658
営業時間　17：00〜24：00
定休日　日曜、祝日
交通　JR新宿駅西口より徒歩3分

【お品書き】
山ふぐ刺身コンニャク 500円／鮪ぶつ蛸ぶつ 1000円／ほたるいか沖漬 500円／はも皮 600円／野鴨あみ焼 800円／他

【酒】
呼友（新潟）大吟醸 1100円／明鏡止水（長野）大吟醸 1100円／浦霞禅（宮城）大吟醸 900円／〆張鶴純（新潟）吟醸 700円／出羽桜枯山水（山形）純米 700円／刈穂辛口（秋田）純米 700円／他

福島産「馬刺し」1900円と「ぎんなん唐揚」600円

厨房の上には李白の詩の一節が染められた暖簾が下がる

3種類の酒をきき比べられる「三点セット」1000円

頭からガブリといける「ハタハタ唐揚」700円と「手造りいか塩辛」700円

東京

浪漫房

酔人の聖地・不夜城「新宿」にいつもと変わらぬ店がある

ガウディの建築にインスパイアされたという入り口のオブジェは、まさに異形といっていい。店内は広いスペースにケヤキ一枚板の長いテーブルが並ぶ。天井中央には大きなステンドグラスのシャンデリア。一見ビアホールのような店内だ。店は朝5時まで開いていて、新宿を彷徨う酔客を収容する。

「最近の人たちはきちんと帰るようになったね。昔は電車がなくなりゃ朝まで飲めばいいや、ってのがたくさんいたけどね」

新宿を見つづけて36年のオーナーの太田篤哉さんは語る。

いかな居酒屋好きとはいえ、たまにはワインをやるのもいいい

日本一の歓楽街、不夜城と呼ばれる街も不況の波に無関係ではない。一家を支える男達は自らの楽しみを切り上げ、大人しく家路につく。

太田さんが上京して初めて働いたのが新宿。

「水が合ったんだね」

普段着でいられる構えなくていい場所、それが太田さん

客は毎日変わっているのに、いつ来ても変わらぬ雰囲気。それがその店の持つ味だ

にとっての新宿だ。

「店を持つ」という明確な意志を持って働いた。その目標通り33歳で新宿に最初の店を持つ。現在では「浪漫房」を始め「犀門」「陶玄房」「池林房」「梟門」と新宿で5店のオーナーだ。コンセプトは「飲みたい酒は置いておく」ということ。その言葉の通り、「浪漫房」にはビールからワイン、カクテル、そして地酒もある。


酒呑み、居酒屋好きといっても、いつもいつも日本酒というわけでもない。

「とりあえずビールね」

といってからお品書きを眺め、

ガウディにインスパイアされたという入り口のオブジェ

ホールの責任者石鉢洋二さん

赤でも白でも「タラモサラダ生ハム巻」850円

中華風味付けにはビールが合う。「紋甲イカＸＯ醤炒め」750円

店のおすすめを横目に見つつその日の「酒呑みプラン」を立てる。例えば、日本酒を飲みつづけて甘ったるくなった口には、ジンなどのすっきりした酒を挟むのもいいだろう。そう、酒呑みの流儀は自分で作るものなのだ。

新宿も移り変わってきた。街がモノクロからカラーに変わった。若い人が多くなった。そして、古くから続いている店がなくなって行った。久しぶりに来ても同じ雰囲気で迎える、変わらない店にしたいというのがオーナーの理想だ。

(右)店は地下にある。入り口はちょっと怪しげな雰囲気
(左)これは日本酒で。「鮭チャンチャン焼」850円

●ろまんぼう
東京都新宿区新宿3-35-3
☎03(3352)1991
営業時間　月～土　17：00～翌５：00
　　　　　日曜　16：00～24：00
定休日　無休
交通　JR新宿駅南口より徒歩５分
【お品書き】
まぐろほほ肉のステーキ 750円／イイダコのガーリックバター炒め 700円／牛すじとキノコ赤ワイン煮込み 700円／合鴨と白髪ねぎのサラダ 900円／いかめし 900円／他
【酒】
おたるワインミュラー・トゥルガウ 3300円（ボトル）／富久鶴第八代九郎左衛門(山形)純米大吟醸 980円（グラス）／松美ど里(福島)純米 550円（グラス）／カクテル各種／他

東京

佐賀

「若者の街」渋谷に本物の仕事がなされる大人の居酒屋あり

魚を捌く真剣な表情。魚には少しの妥協も許さない

カウンターまわりの雑然とした感じ。一見乱雑な様も、主人は全て把握して実に無駄なく機能している。ここからどんな旨いものが出てくるのか、カウンターに座る楽しみである。

「渋谷の奇跡」と太田和彦氏が呼んだ木造二階家の店は、再開発により宇田川町のビルの7階に甦った。もちろん以前のような渋い雰囲気は望めないが、中身は何も変わっていない。

店を始めた父親の片渕禎典さんは佐賀県の出身。そのまま店の名になっている。現在は息子の洋介さんが店の中心となり、自らは補佐的役割を担っている。

今では長野にある畑に月2回通い、店で使う野菜を育てている。もちろん有機農法だ。

昔はめったに口にすることのなかった「さんまの刺身」1500円、新鮮さが何よりの売りである

酢味噌で食べるさっぱりとして旨い「尾羽くじら」 1000円

「自家製からすみ」2000円と注文してから改めて作られる「豆腐」800円

昔の店の雰囲気は残っていないが、中身は何も変わっていない

店では魚は天然もの、醤油も味噌も本醸造、米は自然農法のあきたこまち、塩は大島の海水を天日干しして作ったものを使用している。

「こだわりですか」と聞くと、「そうではない」との答えが返ってきた。天然のものを使うのが当然なのだと言う。

「養殖ものは狭いいけすに何匹もの魚を育てる。当然病気になるから、それを予防する抗生物質を入れる。果たしてそれが人間にとっていいものなのか。お客さんに出して安心なのか」

言われてみれば、ごく当たり前のことだ。我々はあまりに自分の口に入るものに無関心過ぎるのかもしれない。旨い肴、旨い酒を愉しむには自己管理がなにより欠かせない。

親子共々元は寿司職人。魚を見る眼は厳しい。笑顔が一転、捌く姿はまさしく仕事をする職人のそれと変わる。料理も魚中心で、有明海の幸も取り揃えている。

日本酒は佐賀の金波（きんぱ）のみ。冷やは大吟醸と純米が選べる。若者に乗っ取られてしまった渋谷だが、きちっとした仕事の、大人が満足できる居酒屋がここにある。

主人が佐賀出身であったから、店の名も「佐賀」としたという

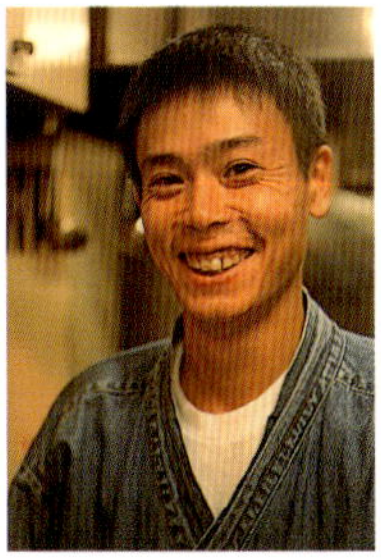
現在は息子の片渕洋介さんが店の中心

酢橘を添えた風味たっぷりの「ブリ西京漬」1200円と自家製の「新香」

●さが
東京都渋谷区宇田川町31−4
しのだビル7Ｆ
☎03(3464)8416
営業時間　18：00〜24：00
（ラストオーダー）
定休日　日曜、祝日
交通　JR渋谷駅より徒歩５分

【お品書き】
刺身　カツオ、勘八、あじ、鮭ルイベ 1200〜1500円／ナス焼 500円／アサリ酒蒸し 1000円／サバ味噌蒸し 1000円／イイダコ煮 800円／他

【酒】
金波（佐賀）大吟醸 1200円、純米 800円、お燗（二合） 1000円／焼酎 森伊蔵 1000円／魔王 900円／伊佐美 800円／伊佐錦 600円／泡盛 古酒 900円／他

東京

笹吟

季節の素材を味わいながら日本酒の醍醐味に一歩近付く

女性にも大人気のメニュー、「汲みあげ湯葉と生うに」800円
湯葉も生うにも、口に入れた途端にとろけ出す旨さ

代々木上原駅からほんの数分という近さも手伝ってか、ここ「笹吟」は男女問わず人気の居酒屋である。

タイル造りで落ち着いた外観と、明るく小綺麗な店内は女性も入りやすく、実に気持ちの良い時間が過ごせること請け合いだ。最近では若い女性も好んで日本酒を嗜むので、正にうってつけの店と言える。

お店で扱っている日本酒は常時70種類以上。どれも主人の成田満さんが自信を持って厳選した銘柄ばかりである。しかも、最も安いものは「群馬泉」３５０円（コップ一杯での価格）という手頃さがいい。お店一押しの銘柄は和歌山の「黒牛」。酸味と甘味、口に入れた時のバランスが非常に優れた作りになっている。

日本酒好きが高じてこの商売に辿り着いたという主人。お酒の席を楽しませるための料理に関しても抜かりがない。

まずは女性に大人気であるという「汲みあげ湯葉と生う

店内は開店と同時に会社帰りのビジネスマンたちで賑わう

季節の味を大切に生かした「穴子の天ぷら」900円は、からっと揚げてあり、軽い

こまめに模様替えする、季節感を醸し出す店の入り口

おすすめメニューとして常連のあいだでも人気の「サーモンとアボガドの生春巻き」800円

に」。とろっとして風味の豊かな湯葉の上に、贅沢にも生うにが乗せられている。共に口に入れると、まろやかな口当たり。後まで尾を引く甘さがたまらない。揚げ物ではやはり「穴子の天ぷら」が妥当か。からりとした揚げ具合には油臭さが微塵も感じられない。数人でつついても楽しめる手頃な量がまたうれしい。

　また、笹の葉の上に、たっぷりと豪快に焼き上げられた「つみれの笹焼き」はボリュームがあり食べ応えも充分。箸でちょっとずつつまみながら、手にした冷酒をあおる瞬間がたまらない。これだから酒は止められない。「サーモンとアボガドの生春巻き」をつまみつつ、徐々に酒が身体に浸透していくのを楽しむ。

「四季折々の素材の味を存分に楽しんでいただくために、季節ものの料理が多くなっていますね。メニューは月1回大きく変えます。常連の方にも飽きがこないように」

　との主人の言葉にお品書きを開くと、その品数は決して少ないものではない。開店と同時に人が集まり、常連客が7割を占めるという店には、やはり相当な心配りがなされているのだ。

丁寧な仕事ぶりが生きる豪快な「つみれの笹焼き」800円

主人の成田満さん。日本酒に対する情熱と舌のセンスは確かだ

お店は、こざっぱりとして、とても入りやすい雰囲気

●ささぎん
東京都渋谷区上原1-32-15
☎03(5454)3715
営業時間　月～金　17：00～23：00
　　　　　土曜　　17：00～22：30
定休日　日曜、祝日
交通　営団地下鉄千代田線　代々木上原駅より徒歩１分

【お品書き】
ぜいたく納豆とろろ 800円／しまあじの頭塩焼き 1200円／かつおのたたきサラダ 1000円／鮭の西京焼き 900円／他

【お酒】 全てコップ
武勇(茨木)純米 600円／上喜元(山形)辛口純米 650円／墨迺江(宮城)中汲み生 700円／群馬泉(群馬)山廃仕込み 350円／黒牛(和歌山)純米 550円／他

銘酒居酒屋 赤鬼

真の酒好きが日夜こだわりの銘酒を求め集う隠れなき名店

さりげなく掛かっている手書きのお品書きには自信と歴史が溢れているようである

日本全国の地酒にこだわり続け、常時100種類以上もの銘柄がそろう「赤鬼」は、日本酒好きの間では有名な一軒。お酒の香りを大切に扱うために、店内では匂いの強い煙草は厳禁にしているほどだ。

カウンター奥に設えられた大型の冷蔵庫では、温度、湿度共にきちんと整えられた状態で名酒がずらりと並んでいる。純米大吟醸、しかも生がいい。これ以上はないほどの贅沢を味わいつくせる喜び。旨い酒であれば、銘柄にこだわらず扱う。唎き酒でぴんときたものは、すぐさま店に出して客の反応を見る。

「日本酒の本当の旨さを伝えるには、焦りは禁物。地道な姿勢を保つのがコツ」

という社長の言葉には言い知れない奥深さと哲学がある。

新鮮な素材の「お刺身の盛り合わせ」一人前2500円（写真は二人前）

酒に対するこだわりは無論、共に出されるつまみに対しても同じように見受けられる。築地の魚市場から入荷する素材を存分に活かした「お刺身の盛り合わせ」はその最たるものだ。

贅沢にも8種の刺身が大皿の上でぷるぷると身を震わせる。予約を入れておけば一品増えるという気配り。

テーブルに運ばれてから食べ頃に固まる「くみだし豆腐」も人気の品。にがりと豆乳の見事なバランスのもと、味わい深いあつあつの豆腐にありつける。さらに蕎麦粉とくずの粉で固められた「蕎麦豆腐」がたまらない旨さ。そばの香が絶えず口の中で転がり、箸が止まらなくなる。

なんともいえない風格を漂わせる外観

ほどよく酔いがまわった頃に鹿児島の「財寶温泉水」で二日酔い防止の先手を。酒はあくまでもおいしく嗜むものであるという姿勢が窺える。
他の店ではないようなものをと、常に新しいものを求めるこの店には心地良い緊張感さえ感じられる。

「赤鬼」一押しの名酒がずらりと並ぶのも酒好きには堪らない

旨い酒と共に過ごす至福の時が、常に人々を引きつける

●めいしゅいざかや　あかおに
東京都世田谷区三軒茶屋2–15–3
☎03（3410）9918
営業時間　月～金　17：30～23：30
土、日、祝日　17：00～23：30
定休日　無休
交通　東急世田谷線　三軒茶屋駅より徒歩約5分

【お品書き】

殻付生かき（10～2月まで）850円／ちくわの磯揚 550円／山かけ 600円／平目の赤鬼漬 900円／つぶ貝の串焼 500円／揚げ茄子 450円／まぐろのスペアリブ 850円／他

【酒】 全てコップ
十四代（山形）純米吟醸生詰 700円／亀泉（高知）純米大吟醸 1250円／長寿（滋賀）純米吟醸生 650円／繁枡（福岡）純米吟醸生 850円／他

蕎麦粉の風味が豊かな「蕎麦豆腐」400円

口当たりさっぱりな「こんにゃくの刺身」500円

程よく固まり、甘味のある「くみだし豆腐」750円

ほの暗い灯りの中で、歴史が積み上げてきた独特の雰囲気が醸し出される

東京

はるばる亭

酒呑みの心を掴んで離さない心地よい演出と粋な心遣い

駅の南口。ガード下は昔ながらの飲み屋がひしめき合う。夕刻ともなると狭い路地に目いっぱいにはみ出たテーブルで、通るのもやっとという具合だ。バブル時代の土地開発が古き良き酒場を消滅させていった中、この沿線で奇跡的に当時のままの姿を残しているのはここのみとなった。

西荻窪といえば骨董とアンティークの店が多いことで知られるが、周辺には居酒屋が100軒以上連ねている、都内でも有数の酒場スポットである。

その中でも唯一異彩を放っているのが「はるばる亭」である。印象的な木彫りの看板が素朴な温かみを感じさせてくれる。濃紺の暖簾をくぐると、ガラス戸の向こうに自慢の大皿料理を並べる店主と自然と目が合ってしまうほどの小さなスペースだ。18人のみのカウンターは、店主を中心にぐるっと半円を描くように並び、客同士が対話を楽しめるという粋な計らいだ。やわらかな照明が民家風の古い建物をうまく演出していて、何ともいえない懐かしさで胸がいっぱいになる。旅行先の骨董屋で買い求めていたら自然と集まってしまったという味のある和食器が、店の雰囲気

店主が惚れこんだという日本酒がずらり。通の好みをよく心得ている

と見事に調和し、我々の目を楽しませてくれる。壁に備え付けられた棚は、常に40種類は置いているという地酒が整然と並ぶ。酒造元に何度も足を運び「食べながら飲む酒」を基準に揃えたという店主は、一方で無理に酒を勧めたりする押しつけがましさが全くない。控えめで、客の心を知り尽くしているからこそできる気配りと、親しみやすさで絶大な支持を得ている。

一度食べたら誰もがやみつきになるという肴も、この店の人気を物語る。定番の「新じゃがと豚バラ煮」は、一年中食べられるように取り寄せに工夫しているという感動もの。先代からこの店を引き継いだ時に多少教わったものもあるそうだが、ほとんどがオリジナル料理。常に料理のレパートリーを考えているという熱心さには脱帽してしまう。

居心地のよさに時の経つのも忘れ、しばし忘れかけていた、心の底から湧き起こるような感動に震えながら、客が客を呼ぶこの居酒屋の魅力は尽きないという結論に達したのだった。

(左)「新じゃがと豚バラ煮」650円
(右)「りんごのキッシュ」700円

知り合いの木版画家の手による芸術的な看板が客を中へと誘う

素朴な木の温もりと落ち着いたトーンの明るさが日本家屋の良さを再認識させてくれる

この日のおすすめメニュー
「いかのわた焼き」700円

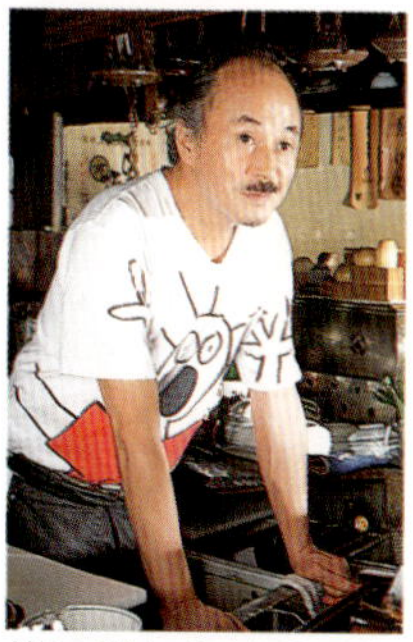

皆に親しまれている
主人の高井良二さん

●はるばるてい

東京都杉並区松庵3-40-10
☎03(3334)5133
営業時間　18：00〜25：00
定休日　月曜、祝日
交通　JR中央線　西荻窪駅より徒歩１分

【お品書き】
牛肉春雨 650円／かに白菜 600円／ぶりかま塩焼き 850円／文化さば 850円／さんまのわた焼き 700円／しらすおろし 400円／他

【酒】全て正一合
神亀(埼玉)純米吟醸 1200円／大吟醸 1800円／神亀ひやおろし(埼玉)純米 700円／神亀ふなくち(埼玉)純米 1000円／刈穂(秋田)山廃純米 650円／明鏡止水(長野)吟醸 650円／上善如水(新潟)純米吟醸 750円／大七(福島)純米 650円／他

全国を旅しながら酒蔵を回り、旨い酒を見つけるという主人の大林禎さん

東京

串駒

とびきりの酒と料理が揃えば最高の癒しの場を作り出す

　大塚駅の北口を出て真っすぐ坂を上がっていくと、一見民家風だが玄関先に酒林が吊るしてある。足を止めて表札を見ると「串駒」と書かれている。がらりと戸を開けるとカウンターと座敷があり、通路は人一人が通れるほどである。壁には日本酒の瓶がずらりと並ぶ。玄関のすぐ横の階段を上がり部屋に入ると、一階とは全く雰囲気の違った空間がそこにはあった。間接照明が部屋全体を温かな印象にしている。部屋の面積の三分の一ほどある大きなテーブルは、もろみの蓋を使っている。席に座るとどこからともなく、長髪の髭を生やした着物姿の人物が現れた。妙に部屋と同化しており、何の違和感も感じない。部屋にある大きな冷蔵庫から一升瓶を取り出し、大ぶりのお猪口に酒を注ぐ。まるで古くからの友人が家に遊びに来たような気さくな振る舞いだ。

　日本酒の種類は40～60種と

毎日料理の組み合わせが変わる「お通し」1500円

店先に吊るされた酒林が店の目印。表札と引き戸が民家を思わせる

2階の広いスペースでは、テーブルを囲んで旨い酒と料理をいただきながら、主人の旅の話や酒の話題で大いに盛り上がる

押入れを改造して作った巨大冷蔵庫。日本酒や仕込み水などを常に8℃の温度で保存している

「霜降り馬刺し」1900円。鬣部分の脂はとろける旨さだ

烏賊のわたから取った出汁が酒と合う「いしりみぞれ鍋」2200円

「自家製醍醐とトマトサラダ」750円。主人特製の牛乳豆腐は美味である

いう驚異的な数である。主人が呑んで旨いと感じた酒だけを扱っている。店ができたのは今から20年前。当時店で出す酒のほとんどは火入れしたものであった。この店では押入れを改造して日本酒専用の巨大冷蔵庫を設置し、酒蔵や酒屋から送られてきた酒をそのまま保存できるようにした。今でこそ当たり前のようになったが、その頃は珍しい存在であった。

　主人は全国のどこかでまだ眠っている酒を求めて、ぶらりと旅に出た。

●くしこま
東京都豊島区北大塚2−32−25
☎03(3917)6657
営業時間　18：00〜0：00
定休日　日曜
交通　JR大塚駅より徒歩5分

【お品書き】
ニラの味噌たまご 450円／割り干し大根のオムレツ 500円／ビンチョウマグロの玉ねぎポン酢 700円／イワシのベーコン揚げ 600円／イカゲソキムチ 400円／赤ホヤの塩辛 450円／とうふのみそ漬け 500円／たたみ鰯とレタスのサラダ 600円／他

【酒】 全て正一合
あずまみね(岩手)純米吟醸 800円／雑賀(和歌山)純米吟醸 800円／飛露喜(福島)純米吟醸 650円／王禄(島根)本醸造 550円／阿部勘(宮城)吟醸 650円／他

東京

万代家

昔のありのままに農家にあった土間をイメージして作ったという店内はどこか懐しくて、居心地の良さとくつろぎの良さから思わず長居してしまう客が多いという

心いくまで丹精の料理と酒が堪能できる居心地の良い店

カウンター席に座り、丁寧に作られた串物と、一杯の酒を口に含む。「鳥つくね焼」600円

調理をしながらカウンター越しに客と会話する主人の笠原洋さん

サラリーマンや学生を相手にした飲食店が多く立ち並ぶ町、東京・池袋。さまざまな路線が乗り入れているため、駅の利用者が多いことで知られている。居酒屋の数も多く、初級から上級まで客のニーズに応えた店が揃う。だが、あまり名居酒屋の噂を聞かない。数が多いだけあって、見つけ

風格のある暖簾は、
店の顔として客を迎
え、居心地のいい店
内へと導く

柔らかな歯ごたえと椎茸の
風味が味わえる「キャベツ
鳥団子スープ煮」 800円

松阪牛のいちぼと呼
ばれる部分を使った
「牛のたたき」 1500円

品書きは開店当時からほとんど変わっていないという。旬の素材を使った料理が多い

るのは困難かと半ばあきらめかけていると、一風変わった名前の店を見つけた。

居酒屋にしてはすっきりとした店構えである。看板には「万代家」と書かれている。一瞬何と読むのか戸惑うが、「もづや」と呼ぶらしい。なかなか洒落た名前である。店先にかかった暖簾は、まるで幟かと思うほど大きくて迫力がある。店へ一歩足を踏み入れると、そこは穏やかな時間が流れており、壁に掛かった古い掛け時計がゆっくりと時を刻む。昔の農家の土間をイメージして作られたという店内には、５００年前に実際に使われていた梁が使われていた。一流割烹で出るような料理を気楽に食べられる場所を作りたかったという主人の笠原洋さん。「うちは食いもん屋ですよ。」と料理に対する拘りもみせる。

池袋で27年間店を営み、訪れる客と会話を交わしながら着実に成長を遂げた。昔からある食材を守り、それらを使って旨い料理を作り続けたいという思いを、ぜひとも叶えてもらいたい。

●もづや

東京都豊島区池袋2-50-8
☎03(3986)2051
営業時間　17：30〜23：30
定休日　日曜、祝日
交通　JR池袋駅より徒歩７分

【お品書き】
ひらめうす造り 1800円／刺身盛合せ 2000円／あわび酒むし 1200円／車海老塩焼 800円／あま鯛塩焼 1200円／なす穴子炊合せ 800円／生ゆばうにわさび正油 1200円／あなご白焼 800円／野菜煮 600円／なすしぎ焼 600円／西京焼 800円／あさり汁 600円／他

【酒】 全て正一合
立山(富山)本醸造 600円／呉春(大阪)吟醸 1000円／越乃景虎(新潟)純米 900円／清泉(新潟)純米 900円／他

東京

斎藤酒場

「誰にも教えたくない」自分だけの心和む隠れ家だから

テーブルの曲線がたまらなく良い。お気に入りの席で一杯やれば疲れも吹っ飛ぶ。「イカの塩辛 甘口 」200円。「はすのキンピラ」200円

JR埼京線十条駅前。どうやら近くに大学や短大があるらしく、学生の姿がよく目につく。そんな所に店を構えていて、もしかしたら若い人が多く騒がしく飲んでいるのではないか？　そんな不安が一瞬頭をよぎった。ところが駅前のロータリー横の路地に入り、「大衆斎藤酒場」の温かみのある暖簾を目にしたとたん、それが余計な心配だったと気付く。どことなく懐かしい、そして安心してくつろげる店だと確信した。

　店内の一角に置かれた、今もなお聴けるという真空管ラジオ。色あせた昔のビールのポスター。湧き水の流れる音が心地良い、50年前の富士山の溶岩で造られたせせらぎ。そして無機質で同じ形のテーブルとは違い、天然のケヤキそのままを使った全て形の異なるテーブル。

　疲れた心と体に潤いを与えてくれるものたち。どこか心

思いがけず趣味の合う人と出会えば、話もはずみ酒も進む

雰囲気ある佇まいに、多くの人が吸い込まれるように入っていく

をホッとさせ、和ませてくれるものばかりだ。

　もともとは昭和3年、酒屋として開業した。当時、十条では一番古い酒屋であった。しかし戦争で男手がなくなり配達などが困難になったため、女性だけでも出来るようにと大衆酒場へと変わった。

　創業70年というだけあって、長い歴史を持つ「斎藤酒場」は何よりも、客のことを考える。

　毎日来てもらえるように、良いものを安くという方針で、お品書きの方も、ほとんどが２００円から３５０円。お小遣いに限りがあるサラリーマンには大変有り難い。健康に良い高麗人参酒も原価で提供する。

　通勤で特に十条を通るわけでもないのに、わざわざ十条まで来て毎日通う人は少なくない。会社の誰にも教えずに、居心地の良いこの隠れ家で、酒を飲んでのんびりと時間を過ごす。そうしてこのまま年老いていくのも悪くないなと思いながら静かに酒を傾けた。

お酒はお客さんに合わせて、厳選されたものが置かれている

テーブルの花など何気ない所に気を使ってくれるのがうれしい

どれもお得な品ばかり。これなら財布の中身など気にせずに食べられる

しっかりした味付けでそのままでもいける「カレーコロッケ」2コ 200円

家庭的でほっとする味が人気の「自家製ポテト野菜サラダ」 250円

●さいとうさかば
東京都北区上十条2-30-13
☎03(3906)6424
営業時間　16：30～23：30
定休日　日曜
交通　JR埼京線　十条駅より徒歩１分

【お品書き】
いか沖漬 250円／無臭ニンニクたまり漬 200円／煮こみもつ 200円／ちくわわさ 200円／くらげ刺身 350円／マグロ刺身 450円／まぐろブツ切 250円／たこわさ 300円／さんま塩焼 350円／しめさば 300円／煮角いなだ 300円／チーズつつみ揚 250円／エボ鯛フライ 250円／他

【酒】
たる酒 亀の世（長野）本醸造 230円／清龍（埼玉）本醸造 160円／琉球泡盛 200円／デンキブラン 250円／他

秘伝のたれを使った「うなぎの蒲焼 」800円。たれがちりちりと焼ける香ばしい匂いは店の外にまで広がり、通りすがりの誰もが食欲をそそられる

東京
まるます家

踊る鯉とうなぎが何とも旨い
ここで飲めば女房も安心

「まるます家」の朝は早い。開店は朝9時、その前に仕込みをしなければならない。その開店前には、おもしろい光景が見られる。

「まるます家」の名物のひとつである鯉料理に使う鯉を、店先で捌くのだ。まだ新鮮な鯉が、バシャバシャと跳ねている。その様は見ものである。冬の寒さの厳しい朝でも、毎日これを欠かさない。

さて、先述のように開店は9時である。そんな早くからお客が入るのか？　と心配してしまうが、この辺りに住んでいる、定年退職されたご隠居さんたちがやってくる。朝っぱらから酒を飲むとはなんという贅沢だろう。

昼時には、食事をしようとサラリーマンも訪れるし、3時、4時にもなれば、ちょいと気の早い輩が一杯始めようか、と集まり出す。

「まるます家」を語る上で欠かせないのは、鯉とうなぎだ。

あまり口にする機会のない鯉は、何となく泥臭いというイメージが強いが、いざ食べてみるとそんなことは全くない。コリコリした食感が癖になる。

そしてもう一本の柱、うなぎの蒲焼は、少し濃いめの秘伝のたれを使っているが、さ

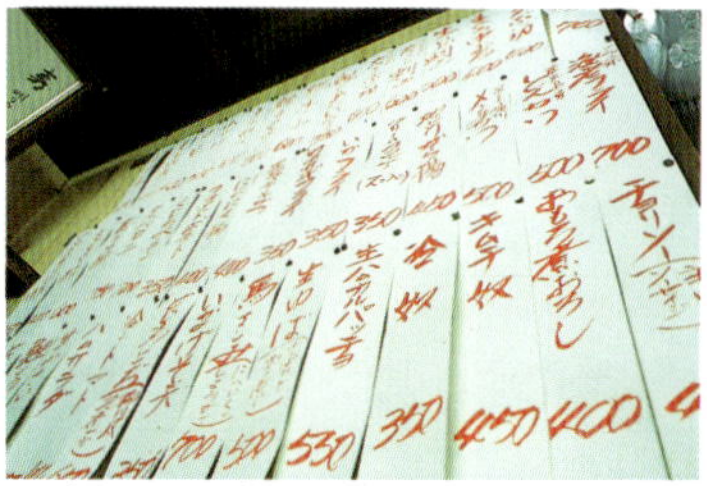

お客さんに満足してもらおうと料理の数はどんどん増える

提灯が並ぶ店先は、どこか温かみのある雰囲気だ

コの字型になった３つのカウンター席に客がひしめき合う

うなぎや鯉、秋なら松茸ご飯などをお土産で持ち帰りもできる

らっとした口当りで酒にほどよく合う。値段は大きさに応じて８００円、１０００円、１２００円、１５００円とあるが、大き過ぎるものよりも小さい方が、身が締まっていて美味しい。

酒は大吟醸だとか純米大吟醸なんて気取らず、本醸造がいい。料理は、豊富でしかも安く新鮮。懐具合も安心して食べられる。

手間がかかり、採算を考えたらとてもやっていけない料理もある。儲けはそんなにいらない。その分お客さんに還元していきたい、と語る主人。

主人の石渡勝利さんと女将の宏子さん

ここのうなぎを口にしたら、他の所では食べられなくなる人も多い

最近ではあまり見かけない、「さらしくじら」５００円と「鯉のあらい」３５０円

その人柄の良さに毎日通いたい気持ちにさせられる。

閉店も夜9時半とあって、ここで飲めば帰りも早い。遅く帰るとうちのかあちゃんがうるさいから……という人にも安心だろう。

また、お土産用に鯉のあらいや、うなぎの蒲焼き、ふかしイモなども売られている。近所の主婦が今晩のおかずに買っていく姿も見られ、お父さんもこれを買ってかえれば、子供も喜ぶことは間違いない。「まるます家」は一家安泰、家族みんなが喜ぶ居酒屋だ。

●まるますや

東京都北区赤羽1-17-7
☎03（3901）1405
営業時間　9：00〜21：30
定休日　月曜
交通　JR京浜東北線　赤羽駅より徒歩３分

【お品書き】

まぐろぶつ切り 400円／たこお刺身600円／ワカサギフライ 350円／うなぎ かぶと焼（2本） 200円／うな重（きも吸付） 1000円〜／スッポン鍋 700円／牛すじ煮こみ 450円／どぢょうとぢ 650円／おもち煮おろし 350円／鯉のうま煮 650円／他

【酒】

富久娘（兵庫）本醸造 300円（一合）／初花（新潟）生酒 600円（300ml）／雪国の酒（新潟）蔵酒 にごり酒 700円（300ml）／他

東京

こなから

自分の居場所で旨い日本酒と洗練された肴を味わう幸せ

居酒屋はみんなの場所である。決して自分だけの場所ではない。わかってはいるのだが、何故だろう、人は居酒屋に自分の居場所を求める。入るなり「自分の席」を確認し、ふらりとその席につく。安堵して今日は何にしようかと品書きを眺めるのである。

「こなから」では「自分の席」を作るとよい。例えば入り口を入ってすぐ右側、カウンターの隅。一人でちびりとやりたいならこの席がいい。カウンターの中できびきびと体を動かす主人の料理を仕上げる手際、左党同士で盃を酌み交わす楽しげな同輩たちの姿などをぼんやりと眺めつつ、旨い酒を口へと運ぶ。この上ない幸福のときである。

そんな幸福を盛り上げてくれるのが、この店の酒と肴である。まずはビールというのでもよし、もちろん日本酒でも焼酎でもよし。しかし、「こなから」には酒を美味し

大きな暖簾が風になびくと、思わず足がそちらの方へ向いてしまう

カウンターでは皆が思い思いの楽しみ方で酒を呑む

く呑むために少しの規制がある。焼酎は香りを十分に楽しんでもらいたいから、ロックか水割りでいただく。ソーダなどでは割らない。やはり、酒呑みの店である。さらに酒呑みの心をくすぐるのが、ほぼ毎日変わる酒肴の数々である。それ故、お品書きには今日の日付が記されている。魚はもちろん、野菜にまでも産地の名前が書かれており、確かなものしか出さぬという心構えが嬉しい。若い御主人だが、料理を作る腕と感性は本物である。だから私たちはこの店に自分の席を作るのだ。

旨い酒と旨い肴が食べられることを語る店構え。この灯りが人を誘う

ほぼ毎日のように変わるお品書きには、その日の日付が書かれている

主人の原透悦さん。料理を仕上げる目は真剣そのものだ

「金時芋の揚げ饅頭えごまがけ」700円。芋焼酎とよく合う

「豚の角煮燻製風味温泉玉子入り」750円。しっかりとした味の酒に合う

●こなから

東京都豊島区北大塚1-14-7
☎03(5394)2340
営業時間　18：00～23：30
定休日　水曜
交通　JR山手線　大塚駅より徒歩3分

【お品書き】
気仙沼かつお 1250円／青森ひらめ 1250円／比内鶏手羽焼 900円／比内鶏の串焼／530円／子持ち鮎 850円／干ししいたけと飛龍頭含め煮 700円／だし巻き玉子 600円／湯豆腐 650円／さばのへしこ 650円／他

【酒】 全てグラス
早瀬浦(福井)純米吟醸 840円／醸し人九平次(愛知)純米吟醸 600円／歓びの泉(岡山)純米吟醸 560円／他

(右)くみ上げ湯葉を使う「枝豆の変わり白和え」750円 (上)日本酒にぴったりの「まぐろの酒盗クリームチーズ添え」530円

大阪

明治屋

主人の松本光司さん。外界と隔てられたその空間は、客と主人、酒と肴によって居酒屋へと昇華する。そこでは酒呑み達の人生が交錯してそしてまた分かれて行く

大阪・阿倍野筋に居酒屋という異空間を守り続ける上品な名店

阿倍野区阿倍野筋は今にも倒れそうな建物や大阪には珍しいカラフルな路面電車が走っており、どこかノスタルジーを喚起させる要素があるようだ。

　路面電車と平行して並ぶ商店街にこれまたひと際郷愁を誘う居酒屋がある。「明治屋」だ。店内はあくまで質素で落ち着いた雰囲気を醸し出しており、カウンターの中央には大きな樽が据えられている。これは「明治屋」オリジナルの酒、松竹海老だ。樽の上に置いてある牛の置物のせいか、その存在感には目をひく。

　店内はいつもドアがぴっちりと閉まっており、阿倍野筋の喧噪とは別種の空間を作り上げている。「ドアが開いていると外と繋がってしまうから雰囲気が崩れるんです」と頑なに雰囲気を大事にすることを心がけている。

　営業は午後1時からと随分と早い。以前は10時からだったというからこれでも遅いほうなのか。「昔は警察、消防、タクシーの人が多かったから早かったんです」と昔の名残が今でも続いているのだという。しかしそのおかげで早くからお酒を楽しみにしていたお客が「明治屋」に足を運ぶことが出来る。

　松竹海老を堪能しながら皮くじら、きずし、などをいた

カウンターの中央に位置する松竹海老の樽と牛の置物

だく。「明治屋」の料理は家庭料理の延長であるといえる。だから肩肘はらずに腰を据えて飲める。

極めつけはシューマイだろう。一見それとは分からないが何とも旨い。このシューマイはお客さんから教えてもらったのだという。「明治屋」も揚げ物など出すようになり今流になって来ているということか。

松竹海老など酒はこれで燗にする。実にノスタルジーを感じさせる

暖簾には酒と大きく書かれておりその自信が窺える

（右）「自家製シューマイ」350円はお客さんから教わった
（左）「皮くじら」550円。一般にはさらしくじらといわれる

「明治屋」は酒と雰囲気を大事にする居酒屋である。居酒屋という空間を大事にし旨い酒を出す。だから明治屋を好きになる人が増えることがあっても減ることはない。

これだけの居酒屋にするには主人も相当のお酒好きだと思いきや主人は飲めないのだから驚く。「飲めない代わりにいろんな酒を分け隔てなくだせる」と主人は自信をもっていう。

外とは別の異空間だが実に計算し尽された居酒屋だ。上品な店である。

昔ながらの常連がカウンター越しに楽しい一時を楽しむ

●めいじや
大阪府大阪市阿倍野区阿倍野筋 2-5-4
☎06（6641）5280
営業時間　13：00～22：00
定休日　日曜
交通　谷町線　阿倍野駅より徒歩1分

【お品書き】
松茸土瓶蒸し 900円／かつおのたたき 850円／鯛あら煮 550円／あなご天 500円／うるめいわし丸干し 450円／いわし梅肉あげ 450円／なすび田楽 400円／いか団子（自家製） 400円／他

【酒】
松竹海老（兵庫） 370円／まんさくの花（秋田） 450円／秋鹿（大阪） 450円／雪の松島（仙台） 450円／男山（北海道） 450円／大山（鳥取） 450円／美少年（熊本） 450円／他

ジャズが流れる店内には落ち着いた雰囲気が流れる。手狭なカウンター越しに主人とお客は熱く語る

大阪

ながほり

人が好きだから熱く語られる旨い酒を呑みながら熱く語る

「人が好きでしょうがないんですわ」

と主人は目を大きく開き、熱い眼差しで答えてくれた。居酒屋を始めたのは酒、料理というよりも居酒屋にやって来る人達の熱い語りを聴きたいからだという。だから「ながほり」には蘊蓄を語りたい人、会社の愚痴をこぼしたい人には合わないだろう。

店内にはジャズが流れ狭いながらも実にいい雰囲気を作り出している。魚は黒門市場から新鮮なもの、珍しいものを取り寄せて魚好きを喜ばす。

今日はクエが美味しいという。クエとは俗に言うアラのこと。島根産のワサビと一緒にいただく。身が締まり仄かな甘みが口の中に広がり、ワサビの静謐な辛さがアクセントを付ける逸品だ。次につくね焼き。「ながほり」では生から焼くから、外は香ばしく中はジューシーで実に旨い。さらにはあじのりゅうひ昆布

料理に、酒に、人生に、熱心に説明する主人の中村重男さんの目には力みなぎるものがある

提灯がほんのりとわずかに灯りをともす店先

各種取りそろえた酒を主人自ら選んでくれる

「クエの造り」2200円。島根のわさびでいただく

すしで締めくくれば言うことはない。腕によりをかけた絶品である

　酒の揃えは一級品で日本酒好きを唸らせる。「酒も料理もピークである物をだす」ことをいつも心がけている。

　こういうことが出来るのもやはり人との繋がりがあってのことだ。川上、川中、川下つまり製造元、仲卸、飲食店が三位一体となって初めて旨いものが出せる。

「ながほり」に来たならば主人を信頼してお造り盛り合わせを頼みたい。とびきり新鮮で旬な素材を出してくれるに違いない。いちおしだ。また酒も主人が選ぶ。その時のお客の状態をみて選んでくれるのだから有り難い。人が好きだから出来る技である。

「完璧だと思っていても50点のときもある」

　と主人はいう。店が満点でも客が0点だったら50点なのだ。人間相手だから難しく、そして面白いのだろう。

「奥播磨」はながほりが推す銘酒だ

●ながほり
大阪府大阪市中央区島之内2-6-5
☎06(6212)5856
営業時間　17：00～翌1：00
定休日　日曜、祝日
交通　地下鉄堺筋線　長堀橋より徒歩７分

【お品書き】
ほうれん草胡麻和え 380円／ささみ茗荷酢 450円／特上豆腐 380円／かい柱クリームコロッケ 880円／うるめ丸干し 400円／生さんま塩焼 780円／小松菜と飯だこサラダ 1080円／鳥きも生姜煮 380円／なっぱとうす揚煮 380円／他

【酒】グラス
奥播磨(兵庫) 650円／純米吟醸酒 山田五十(兵庫)斗びんどり 650円／他

「つくね焼き」680円。生から焼いた逸品。外は香ばしく中はジューシーに仕上がっている。なじみ客なら誰しも知る味

「あじのりゅうひ昆布すし」880円。北海道のりゅうひ昆布を使用した贅沢な味

暖簾には亀の象形文字と窺える絵が書いてある。灯光をアスファルトに柔らかく灯す店先がちょっとした品のよい高級感を演出している

京都

亀楽

嵐電の車輪の軋みに郷愁を誘われながら気楽に入る店

京都中心部から嵐山へと西にのびる京福嵐山線は嵐電（らんでん）の愛称で親しまれ今年で90周年を迎える。

その嵐電の停車する西院（さいいん）駅の近く、ここ壬生仙念（みぶせんねん）界隈は友禅染めの工場や材木店が多く立ち並ぶ町だった。しかし不況のためかその数は年々少なくなっているという。

嵐電の車輪と線路が触れて軋む音に郷愁を誘われる。京の情緒が漂うこの町にひっそりと佇み、灯光をアスファルトに柔らかく灯す居酒屋、「亀楽」がある。やや高級感のある居酒屋であるが暖簾に描かれた亀の文字に愛敬がある。

亀に楽と書いてきらく。気楽に来て欲しいという願いと20年飼っていた亀にあやかっての店名。最近は会社帰りの晩酌を楽しむサラリーマンに加え家族連れ、カップルが増えてきた。そのため肩の力を抜いて気楽に入っていただけるようにと、以前は冠していた〝お酒どころ〟をはずし亀楽だけになった。

また「亀楽」の料理も、酒の肴からボリュームのあるも

嵐電の愛称で親しまれる京福嵐山線は今年で90周年をむかえる

小芋の煮つけ。上にかかった柚子の香りがよいアクセントになっている

(右)鱧と松茸の柳川鍋 (上)納豆のオムレツ。どちらもボリュームがあり人気メニューだ。ご家族連れなど好んで食べられる

のへと変化している。「このままの状態が望ましいけど時代は待ってくれない」と主人は飲食店の難しさを語る。調理師学校には通っていたがほとんどが自己流。だから本をよく読み研究する。そして料理の下地はお母さんである先代が築いた。母に教わったといっても過言ではないという。つまり「亀楽」はおふくろの味に主人の時代を読む感覚がうまくマッチしているのだ。

鱧と松茸の柳川鍋、小芋の煮つけ、納豆のオムレツ、どれもボリュームがあって旨い。

富翁と焼酎中々400円。どちらも「亀楽」のおすすめ

カウンターは10人程であるが、この狭さが店とお客を密接にする

笑顔が似合う主人の丸井康弘さん

主人は、以前仲卸業社に勤めていたため、季節の勘は鋭い。旬の素材を安心していただける。冬にはふぐ鍋、みずなのハリハリ鍋が美味しい。みずなのシャキシャキとした歯応えが楽しめる。

主人はプレスリーが好きなだけあって「亀楽」の料理は勢いがある。「せめて勢いだけでもお客に持って帰っていただきたい」と料理に込める気持ちは人一倍強い。

時代に合った料理を出し気楽に入れ、亀のように長く付き合える店だ。

●きらく

京都府京都市中京区壬生仙念町25-3
☎075(842)1556
営業時間　17：00～22：30
定休日　日曜、祝日
交通　阪急西院駅より徒歩３分

【お品書き】
いわしの煮つけ／剣先いか／はもおとし／生かき／はたはた塩焼／さわらみそ漬／手羽明太焼／れんこん天ぷら／松茸どびん蒸し／かもなす田楽／あさりバター／烏賊姿焼／牛肉たたき／野菜雑炊／鮭茶漬／他
どれも600円から時価になります

【酒】 グラス
富翁(京都) 400円／焼酎神の河(鹿児島) 500円／焼酎中々(宮崎) 400円／他

京都

よしみ

京都河原町の奥まった路地にひっそりと佇み提灯の灯りをともす店先。鯨の看板に愛嬌がある。高級珍味となってしまった鯨も、ここでは滅法安い

鯨を手頃な値段で味わえ確かな雰囲気を伝える老舗

創業60年にはなるというよしみの前身はお好み焼き屋であった。しかしお好み焼き屋が増えるに連れ、この辺にはなかった居酒屋を始めることにした。

おでんを皮切りにいろいろと品数が増えていき、今では200種類以上はあるという。メニューに入りきらないから品書きの札があちこちにぶら下がり、貼り出されている。だが不思議なことに今でもお好み焼きはやっている。

店先には鯨の肉の名称が図入りの看板で示されている。店内に入るとコの字型のカウンターがありその中が調理場になっている。奥には座敷もある。なかなか雰囲気のある店内だ。しばらく見回しているとここにも図入りの鯨の看板が壁にかかっている。

「よしみ」と言えば鯨である。昔は当たり前のように食していた鯨もいまは珍味である。それが今でも「よしみ」にとっては当たり前のメニューになっているから値段も安い。

赤身、さえずり、本皮（ミンク鯨）をいただく。魚と動物の味がない交ぜになった、まさしく鯨だから経験できる味だ。やみつきになる人がいるのも頷ける。

コの字型のカウンターの中は厨房になっている

おでんは「よしみ」のオリジナルの酒、「祥」（しょう）と一緒にいただくことにしよう。ロールキャベツにすじ肉、もち巾着とどれも旨い。それに加え「祥」の飲み易さときたら、どんどんと酒がすすむ。「最近では雰囲気さえ良ければいいという客も増えているから、皆、味音痴になってしまう」と主人は言う。雰囲気を味わいたければどうぞ高級料亭に行って下さいというわけだ。「よしみ」は雰囲気も良ければ味も良し、酒が旨けりゃ値段も手頃。ここを外すわけにはいかない。

おでんの盛り合わせ。「自家製ロールキャベツ」400円は絶品

よしみオリジナルの「祥」800円。実に飲みやすい逸品

「くじらの刺身」。左から「赤身」900円、「さえずり」1500円、「本皮」の刺身1500円（ミンク鯨）

安さを大事にする頑固な一面もある主人の長谷川隆久さん

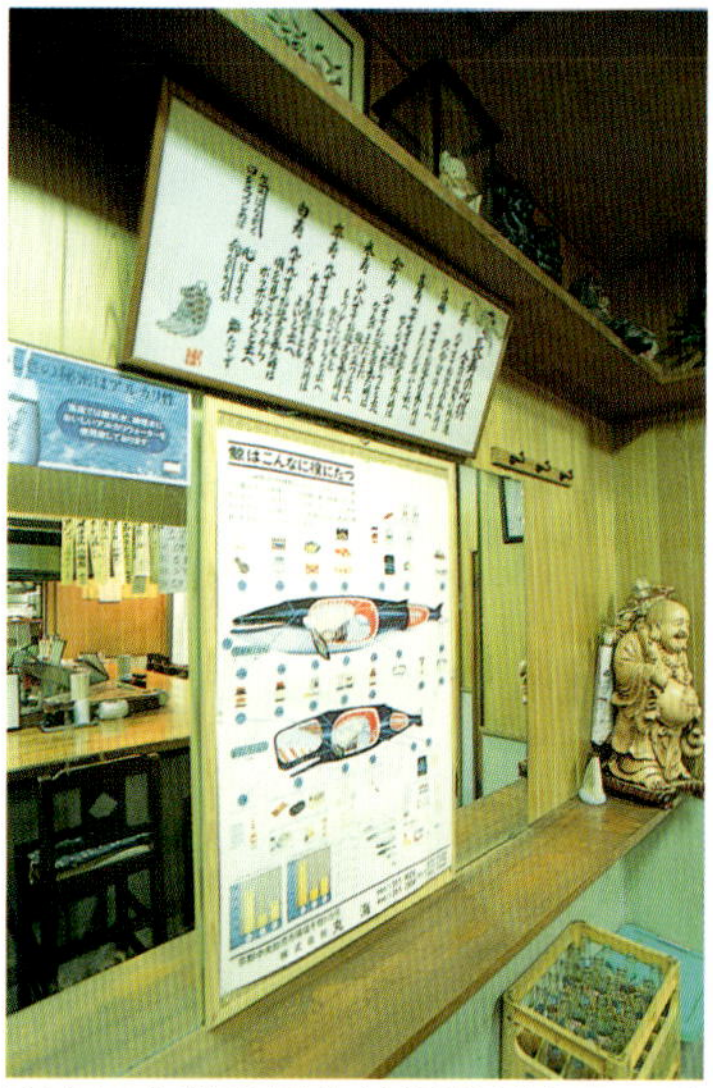
店内にも鯨の図入り看板がある。どこを食べたか一目瞭然だ

店内入ってすぐ左に酒瓶がずらりと並ぶ。各地の良い酒を楽しめる

●よしみ
京都府京都市中京区河原町通り三条上ル恵比寿町534-16
☎075(252)4110
営業時間　16：30～23：00
定休日　日曜
交通　京阪三条駅より徒歩５分

【お品書き】
たこ 300円／ころ 1000円／げそ 300円／大根 100円／いわし塩焼 350円／しおさば焼 550円／くじらサービスセット 2700円／おぼろ豆腐 300円／海老フライ 500円／はもフライ 450円／他

【酒】 グラス
瑞兆（兵庫）吟醸 550円、本生 650円／美しい鴨川（京都） 450円／摂州能勢（大阪）純米 450円／他

兵庫

金盃

東店

早く、安く、旨い料理を提供することをモットーにしている主人の広狩守さん。「酒と人と話が大好きな私にとって最適な職場」と語る

良心的な値段で客の要望に精一杯対応する大衆酒場

阪神大震災の被害をまともに受けた三宮の町。駅前の歓楽街にあった店のほとんどは、建物が崩壊し、新しいビルや空き地になっているところが多い。そんな中で震災で建物が傾いたにもかかわらず、そのまま営業している居酒屋があった。

店の主人の実家は、隣り駅の元町にある戦前から続く老舗の居酒屋である。今は父親のあとを兄弟が継ぎ、隣り町で肩を並べて店を営んでいる。今年で創業21年目を迎え、家族経営で店を切り盛りしている。近頃店内を改装したばかりで、心機一転新たなるスタートを迎えた。

居酒屋にしては開店時間が早く、午後3時から営業している。昼間から一杯やりたいと思う者にとっては、絶好の場所である。定食屋でも酒は呑めるが、どこか気が引けてしまう。「小鉢物」と書かれた赤提灯がやけに目立って、店の看板にもなっている。店名の入った威勢のいい暖簾をくぐり店へ入ると、すでに何人かの客が入っていた。店内は小ぢんまりとしており、テーブル席に3人とカウンター席に1人ずつ座っている男の姿があった。どの客もサラリーマンというイメージは浮かばない。カウンター席に座って、壁に貼られた品書きを見

店先の赤提灯が、家路に向かう足を店へと誘う

大通りから一本入った歓楽街にある地元人の憩いの場所

決して広いとはいえないが、アットホームな雰囲気の店内である

る。品数が多く、さらに値段の安さに驚いた。千円単位の料理が一品もない。どれも社員食堂並であり、どんなに頼んでも値段を気にしなくてよさそうだ。とりわけ刺身は格安だ。鯛が４００円で食べられる。夏は天ぷら、冬はおでんを店のメイン料理にしている。酒は地元神戸の灘五郷の日本酒の一つである「泉正宗」がおすすめである。創業以来値段は変わらず、一合２５０円で呑める。これまた客への心配りが感じられる。味のよくしみ込んだ明石の蛸ときりっとした喉越しの日本酒を疲れた体に流し込む。見る見るうちに体の芯から癒されていくのを感じる。

　主人が考える居酒屋とは、人と人とのコミュニケーションの場、仕事場からの家路の途中で仕事のストレスを置いていく場所だという。誰でも気軽に立ち寄れる大衆酒場という印象を受けた。

　毎日通う者もあり、できるだけ安くて旨いものを提供したいという客への精一杯の対応が、長く愛され続ける商売の秘訣に違いない。

「おでん盛り合わせ」650円。9月下旬から加わる人気メニューの一つ

「鯛塩焼」450円。魚屋で刺身用として売られていたものを利用している

●きんぱい　ひがしてん
兵庫県神戸市中央区北長狭通1-8-5
トウシンビル1F
☎078(392)3046
営業時間　15：00～23：00
定休日　日曜、祝日
交通　阪急三宮駅西口より徒歩1分

【お品書き】
天ぷら(夏季限定)野菜 各100円、たこ・いか・いわし 各300円、海老・穴子・きす 各500円／鯛刺身 400円／神戸牛肉のタタキ 450円／焼豚(鹿児島黒豚) 450円／松茸土瓶蒸し(冬季限定) 650円／牡蠣フライ(冬季限定) 500円／めばる煮つけ 450円／他

【酒】全て正一合
泉正宗(兵庫)一級酒 250円／黒松百鹿(兵庫)特級酒 350円／神鷹(兵庫)吟醸 350円／他

毎度のことながら、威勢のいい暖簾が、仕事で疲れた体を温かく出迎えてくれる

「はまちの刺身」300円。今どきこの値段では食べられない。庶民の心と胃袋を満たす嬉しい店だ。冷凍ものは使わない

和歌山

銀平 本店

素材の鮮度へのこだわりは客への最高のはからいだ

「お造りの盛り合わせ」1800円。その日に仕入れた魚を盛り合わせる。太刀魚の姿造り、とこぶし、鰹、赤いか、カワハギの肝巻

和歌山駅から歩いて15分、面倒ならタクシーを走らせれば5分程行ったところに店はある。店のすぐ隣りに川が流れており、橋と柳が店のシンボルにもなっている。暖簾をくぐり店に入ると、まずその場で履物を脱ぐ。1階はカウンター席とテーブル席があり、カウンターの奥に料理人の姿が眺められる。店内は、居酒屋というよりは割烹といった雰囲気の造りである。2階へ上がると和室が何部屋かあり、落ち着いてゆっくりと食事と酒が楽しめる。店が開店したのは24年前であり、それまであった店を4年前にリニューアルしたそうだ。

この店で出す料理は半端ではない。料理のお品書きを見ると、海の幸と山の幸がずらりと並んでいる。魚介類は、店長自らが朝早く和歌山近郊の漁港に出かけて、市場にまだ卸される前の素材を選んで仕入れている。魚を見る目は、プロの漁師に負けないほどである。主に大阪湾、箕島、加太、泉佐野でその日に獲れた

店長の西岡章さん。笑顔が印象的だ

料亭を思わせる落ち着いた雰囲気の店内。無造作に置かれた皿が印象的である

（右上）「油目の煮つけ」600円。油目とは鮎魚女の別名である。（右下）「ザル豆腐」500円。丹波の黒豆を使用。（左）「炭火焼きの盛り合わせ」1800円。鴨の燻製、蛤、赤いか、穴子、丸おくら、椎茸など旬の素材を炭火で焼く

店の看板でもある暖簾と柳の組み合わせが風流を感じさせる

「黒牛」3000円。紀州黒江の伝承の国酒である。山田錦を手洗い限定吸水のうえ製麹している

●ぎんぺい　ほんてん

和歌山県和歌山市十一番丁22
☎073（432）3087
営業時間　11：30〜14：00
　　　　　17：00〜22：30
定休日　日曜
交通　JR和歌山駅より徒歩15分

【お品書き】

天然真鯛 1500円／活車えび 1500円／太刀魚天 900円／穴子醤油焼 1200円／さざえつぼ焼き 1200円／牛ロース塩焼 1800円／活はも生肝 500円／はまぐり酒蒸し 900円／うに磯辺揚げ 1500円／鯛めし（二人前より）1200円／コース3500円より／他

【酒】

辛丹波（兵庫）本醸造 900円／山田錦（兵庫）純米 900円／長兵衛（兵庫）大吟醸 1500円（以上一合）／越の八豊（新潟）吟醸 4000円（四合）／他

新鮮な素材を使って調理する。本日の献立には、獲れたての旨い魚たちが顔を並べている。これと旨い酒があれば、あとはなにもいらない。

新鮮な素材が手に入りやすいという恵まれた環境を活かし、素材で勝負する店長の粋なはからいが、男の心を揺さぶる。再びこの地を訪れて暖簾をくぐらせるだけの十分な魅力がある。昼はランチも営業しており、涌き水で焚いた丹波のコシヒカリは、贅沢な気分を味わせてくれる。今度は酒なしで来てもよいだろう。

徹底した手の加えようで格段に旨くなる。（右上から）「タラコ」250円、「タケノコ煮」200円、「カボチャ煮」200円、「かしわうま煮」200円

愛知

大甚 本店

今の家庭ではなかなか味わえない家庭の味を堪能あれ

名駅と栄との中ほど、伏見駅のすぐ目の前にある「大甚本店」。注意していないと見落としてしまいそうな外観だが、見上げれば大きな看板がある。

創業は明治40年。その長い歴史とともに、確実に常連さんを増やしてきた。今の主人の息子さんで四代目、同様に親子四代で通っているお客さんもいるという。

大皿料理を小皿に分けて、お客がテーブルに並んだ料理を、思い思いに選んでいく、この周辺では時々見かけるスタイルであるが、その種類の多さは群を抜く。開店の16時には、その小皿料理がテーブル一杯に並ぶのだが、その様は圧巻だ。朝早くから、時間をかけて仕込みをしている。手間がかかっていて、家庭ではなかなか出来ない家庭の味が堪能できる。

どれもが２００円から４００円と値段もすこぶる安く、量も適度で酒の肴にもってこいだ。御飯ものなど一切なく、酒の肴、居酒屋ということに徹底的にこだわっている。

あらかじめ仕込んである料理だけでなく、刺身や煮魚、焼き魚もある。価格は時価となってはいるが、刺身は一人前６５０円、大きな煮魚、焼

インテリアにアンティークの時計がたくさん飾られている

手間ひまかけてたくさん作るから、なるほど煮込み料理の味は抜群に旨い

仕込みは午前中から行われる

広々とした店内は2階もある。のんびりと心ゆくまで酒を楽しめる雰囲気が嬉しい

き魚は一匹1200~1300円とすこぶる安い。

最近ではメニューに牛ステーキを取り入れるなど、多くの人に満足してもらおうと、常に模索している姿勢が見られる。

味付けは、名古屋らしく少しばかり濃いめだが、これくらいだと、酒がよく進む。酒は昔から変わらず、賀茂鶴と菊正宗。飲み慣れた酒だから、肩ひじ張らずに楽しめる。

ちょっと羽目を外した人がいると、普段は優しい女将さんが一喝。みんなそれが分かっているから、落ち着いて和やかに酒を飲んでいる。

静かでのんびり、心身共にリフレッシュできる居心地の良い居酒屋だ。90年の歴史は伊達ではない。名古屋の街中でそんな居酒屋に出会えるとは思ってもいなかった。うれしい発見である。雰囲気の良い居酒屋を見つける喜び、これは酒を飲むことの醍醐味の一つ。それが自分の嗅覚を頼りに見つけた店とあれば、酒呑み冥利に尽きるというもの。

主人の山田弘さんと女将の良子さん

樽に入った賀茂鶴。横の釜には徳利が入っている

●だいじん　ほんてん
愛知県名古屋市中区栄1-5-6
☎052(231)1909
営業時間　16：00～21：00
定休日　日曜、祝日
交通　地下鉄伏見駅より徒歩１分

【お品書き】
いか味噌 200円／百合根 200円／はも照り 250円／魚の子 250円／さば酢 300円／めじろ(穴子) 300円／かしわ肝焼 400円／しゃこ 400円／板わさ 400円／マグロ刺　約650円(時価)／カツオ刺 約650円(時価)／白身(タイ、ヒラメ)約1300円(時価)／いか刺 約650円(時価)／他

【酒】
賀茂鶴(広島)特級酒 大徳利 650円
正一合 420円／菊正宗(兵庫)本醸造
正一合 420円／賀茂鶴(広島)蔵生 生貯蔵 650円

静岡

新生丸

その朝自ら清水港に揚げた自前で獲るほど新鮮さに拘る

「新生丸」なんだか船みたいな名前だ、と思いきや、案の定、船の名前だった。

実はこの店、自前で船を持っていて、毎朝主人自ら漁に出るのだ。そして店で出しているおよそ半分の魚は、その日に「新生丸」で獲れた新鮮な魚だ。清水港近くに店を構えているので、きっと魚が美味しいだろうな、という期待はあったが、まさか自身で獲るとは気合が入っている。魚があまり獲れなかった日は、店を休むことさえある。それだけに漁に命をかける。自分で獲る魚に自信を持っているという表れなのだ。

お品書きには値段が書いてない。全て時価となっている。時価と聞けば、高級寿司店で会計時に、その金額を聞いて驚く、という光景が思い浮ぶところだが、そんな気配は全くない。漁をするこの店の性格上、時価にせざるを得ないだけで、逆に安い値段で新鮮な魚が食べられる、というこ

ケースに並べられた魚は、主人自らが獲ったもの

見た目も美しい「カワハギの肝あえ」1000円。新鮮だからこそできる料理である。残りの部分はカワハギ煮にしていただく

ともあるわけだ。

その日その日によっておすすめがあり、お品書きになくても、そのほかいろいろな料理が並ぶ。豪快な主人のように、見た目も味もスケールが大きくダイナミックである。

珍しいところでは、イルカの味噌煮がある。静岡の辺りでは冬になると結構食べられるものらしいが、これにはちょっと驚く。外国人が来ると、主人は黙ってこれを出す。そして食べ終えた後、イルカだと教えた時のその反応がこたえられないそうだ。イルカを

磯の香りが口いっぱいに広がる「トコブシ」

自慢の逸品。独創的な「新生丸巻寿司」はおすすめ

威勢の良い提灯、暖簾につい引き込まれてしまいそうな店構え

新鮮な食材をふんだんに使った「刺盛り」

食べる機会など、日本人でも滅多にない。静岡に訪れる方は、ぜひ一度、食してもらいたいものだ。珍味中の珍味である。
15年前の開店当時には、カウンター席しかなかった。主人と料理の話でもしながらひとり、ふたりで楽しむならば、こちらで。4～5名で豪快な料理を楽しむなら、増築されたテーブル席がおすすめだ。新鮮な魚をつまみに、静岡県由比の地酒を飲めば、またとない幸せのひとときを過ごすことができる。

刺身にはやはり日本酒が良く合う

これが「イルカの味噌煮」。変わった食感がおもしろい

●しんせいまる
静岡県清水市巴町10-29
☎0543(52)3851
営業時間　17：00～22：00
定休日　日曜、祝日
交通　静岡鉄道　新清水駅より徒歩2分
【お品書き】全て時価
マグロ／カツオ／タチ刺／平目／カサゴ刺／マダイ刺／カワハギ／赤ムツ煮／カサゴ煮／メバル煮／太刀煮／太刀焼／小ダイ煮／イサキ焼／手長えび焼ボイル／伊勢えび焼／自家製はんぺん／桜えびかき揚／他
【酒】
正雪(静岡)純米大吟醸 1本 7000円／正雪(静岡)純米吟醸 1本 3500円／英君(静岡)特別純米酒グラス 500円／他

衣はサクサク、中はとろーリ、絶品の「カニクリームコロッケ」500円

静岡

紀尾井

バラエティ豊かなメニューが魅力。駿府の居酒屋の底力

静岡県庁はどことなく、形が城に似ている。この静岡県庁のある駿府公園一帯には、駿府城があったそうだ。

「紀尾井」は名前こそ東京の紀尾井町と同じだが、その場所は駿府城の城下町にある。天下統一を果たした徳川家康が駿府から、江戸に移ったということと何か関係があるのだろうか？

主人の横地宏さんによると、特に関係はなく、店名は音の響きが良いから、とつれない答え。肩透かしを食らってしまった感があるが、肝心の酒と料理、つまりは居酒屋としての実力はなかなかの、いやかなりのものだ。

静岡の地酒は、「亀」純米大吟醸、そして「国香」純米大吟醸など、通好みは思わずおおっ、と唸ってしまう酒がある。一方料理はというと洋食を20年程やっていた主人らしく、牛肉のカルパッチョがとにかく旨い。牛肉の刺身にパルメザンチーズをふんだんに使い、オリーブオイルで仕上げたイタリアンであるが、これが日本酒にも紹興酒にも良く合う。

そのカルパッチョに代表されるように、料理が心から好きだという主人の作る料理は、何でもありと言えるほど、バラエティに富んでいる。飲ん

主人の横地宏さん

だ後にはラーメン屋でラーメンを食べて締め括る、という人は多いだろう。ここではそのラーメンもいただける。味の方も朝6時からスープの仕込みを始めるという力の入れようで、ランチでも大人気になるほど。体に悪いと分かっていながらも、ついつい頼んでしまうあの飲んだ後のラーメンときたら、格別の旨さ、この上ない幸せである。

　店内を見渡してみると、女性のお客が多いことに気付く。半数以上が女性だ。それほど女性は意識していないというが、なるほど、洒落た内観、メニュー、気さくな主人と三拍子揃い、その人気の理由が分かる気がする。「洗練されたお店」、そんな言葉が思い浮かぶ。

　出来合いのものや、簡単に出来るようなものは提供せず、決して手を抜かない。そういう普通のことを、当たり前のようにこなすのは簡単なようで難しい。しかし大事なことである。徳川家康ゆかりのこの地でとびきり旨い酒と肴に出会い、仕事ぶりの確かさを思い知らされる。

新鮮なネタがケースにずらりと並ぶ。おすすめはこの上のボードに書かれる

家紋の入った格式のある暖簾

駿河湾でとれた「桜えびの天ぷら」300円

気のあう仲間と、テーブルを囲んで楽しく語り合う

味に力強さがこもった「牛肉のカルパッチョ」二人前1500円

●きおい
静岡県静岡市宮ヶ崎町94-2
☎054(254)9676
営業時間　18：00～24：00
定休日　日曜
交通　JR静岡駅より徒歩20分

【お品書き】
もつ煮 450円／牛肉のビール煮 1500円／豚角煮 600円／牛舌塩焼 600円／焼きとり(2本) 350円／手羽先(3個) 350円／マグロ山かけ 680円／なす田楽 380円／湯豆腐 500円／雑炊 450円／ラーメン 500円／他

【酒】正一合
磯自慢(静岡)本醸造 500円／国香(静岡)純米大吟醸 750円／富久一(鳥取)大吟醸 750円／瓢月(静岡)極吟醸 750円／富蔵(静岡)純米酒 700円／紹興酒 グラス 500円／他

北海道

炉ばた

上気した店内の雰囲気の中で いつになく熱くなる語り口調

「炉端焼き」発祥の店として全国に知られ、釧路に歴史を刻み続けている「炉ばた」。開店と同時に人が集まるため、25人もの人が入ると、たちまち店内の席が埋まってしまう。

店中央の昔ながらの炉を囲むように造られたカウンター席には、学生同士や会社帰りのサラリーマン達が早くも語り口調。声高に喋る声に混じり、各々が炉の中心に向かって注文を叫ぶ。炉の前に座るのは、矍鑠とした老婦人、焼き方の大学さんが忙しそうに魚を並べている。ときおり炉から上がる大きな焔に、カウンター席の赤ら顔が照らし出される。

忙しそうに、それでも常連客やお客の声に笑顔を向ける大学さんの姿を見ていると、懐かしい温かさに心が満たされていくようである。

目の前に、焼き立ての大きな「ほっけ」が差し出される。軽く醤油をさし、温かいうちに身をほぐす。焼いただけの魚なのに、炭火の香りがほんのり移り、旨味がひと味違う。続けて箸をつけた「いか焼き」にはオリジナルの生姜味噌が絡めてある。柔らかくて癖のない味で、思った以上に食欲をかきたてる。大振りのしいたけにかぶりついてみても、

主人の自岬さんが店を取り仕切り、焼き方の大学さんは次々と魚を焼いてゆく。その合間にもなじみの客がふらりと店に入って来るのだ

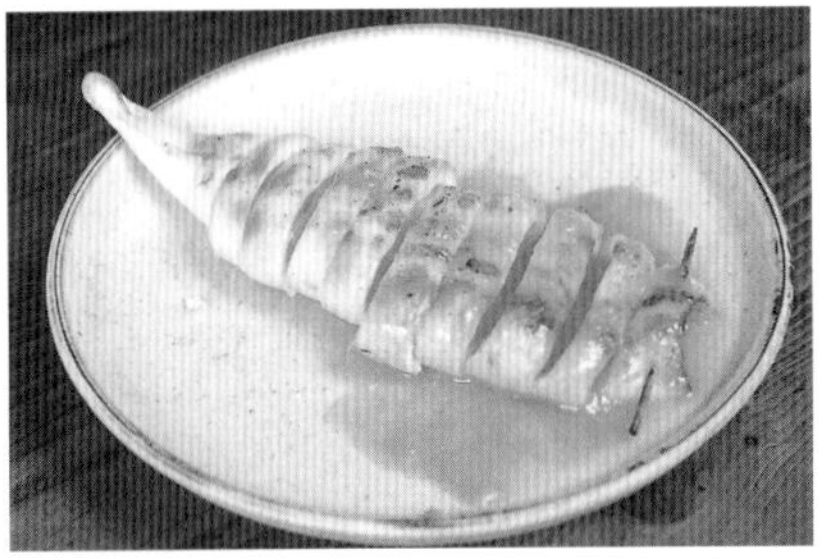

生姜味噌のたっぷりとかかった焼き立ての「いか」700円

炭火の上の網には様々な食材が顔を見せる。ときおり魚の脂で大きく焔があがり、なんともいえない雰囲気をかもし出す

本土ではお目にかかれない大きな「ほっけ」1000円

中央の炉を囲むように広くコの字に作られたカウンター席は畳敷き。開店と同時にすぐに埋まってしまうほどの、釧路でも有名な店だ

また然りである。これが北の食材の新鮮さなのかと、改めて唸らされる。

　文句なしの焼き物の味を一層引き立てているのは、釧路の地酒「福司」である。まとわりつくような甘さがなく、すっきりと辛口であるため、気が付けば料理と共にこちらも随分進んでしまっている。燗のつけ方がまた、たまらない。炉の横に置かれた鉄釜にて、常時ほどよく温められているのだ。これを、注文が入るたびに柄杓で酌んでくれる。丁度良い温度の茶碗酒。

カウンターの中で、女性スタッフが慌ただしく注文の品を運んでいる様子はどこか活気にあふれ、程よく酔いの回った人々は、初対面同士でも会話を楽しみ出す。店全体が一体になったような、不思議な心地良さと安心感に満ちている。

　昔、炉を囲むことが普通であった家庭では、こんな風に時を共有していたのに違いない。と想像を膨らませてみると、この店が長く人々に愛されている理由がわかるような気がする。

●ろばた
北海道釧路市栄町３丁目１番地
☎0154（24）8450
営業時間　17：00〜24：00
（11月〜4月は23：00まで）
定休日　木曜
交通　JR釧路駅より徒歩13分
【お品書き】
にしん 800円／かれい 1000円／いか 700円／さんま 600円／めんめ 2300円／しいたけ 250円／あすぱら 800円／他
【酒】正一合
福司（北海道） 430円

北海道

あぶらびれ

ここでしか飲めない「やまべ酒」が引き立てる魚介の風味

入り口の造りに比べ、意外と奥行きのある店内に足を踏み入れると、まず目に飛び込んでくるのが干された魚、魚、魚。大きなテーブル席に設えられた炉を囲むように、ほっけやキングサーモンの開きがぶら下がる様は圧巻である。「すごいでしょ？　この店にはお客さんがいろいろ持ち込んで来てくれるんですよ」

笑いながら語る主人の宮本雪子さんは女手一つでこの店を支えて33年になる。「あぶらびれ」という変わった店名は、やまめや鮎といった川魚が特有に持つ、ひれの名前が由来。それもそのはず。この店での一押しの酒が「やまべ酒」という。軽く干したやまべ（やまめ）を火で焙り、まるごと升酒に浸す。これを塩を舐めながら飲むのである。実に味わい深い酒である。神戸の地酒「富貴」の辛口な刺激は食を進ませ、また炉で焼いたばかりの魚介類、八角やきんきの味を引き立てる。逆に、焼き魚にたっぷりと盛られた合わせ味噌や刻みねぎの香りが酒の進みを早める。

特に、合わせ味噌と刻みねぎで食べる「八角焼」は、おもわず口数が減ってしまうような旨さ。ほっくりとした白身をまず箸で崩し、上に乗っ

升いっぱいに張られた地酒「国稀」に、まるごとやまべ（ヤマメ）を入れた「やまべ酒」　600円。升の角に塩を付けて飲む

品良く年月の流れを感じさせてくれるカウンターには、店の歴史が刻み込まれている

個室の仕切戸に描かれた絵は、「伸予」で芥川賞を受賞した作家、高橋揆一郎氏の作品。常連のお客さんとの交流がお店の随所に見受けられる

「かすべ(エイ)のぬた」600円。さっぱりとした味付け

北海の名物、八角ときんき（金目鯛）は大抵の店には置いてある。それ故、焼いた後の味の工夫が勝負所となろう

た味噌とねぎをよくからめて口に運ぶ。八角も味噌もお互いに味を打ち消すことなく高め合い、旨味を引き出し、そして後には、柔らかな甘味が余韻を残す。合間に、さっぱりとした「かすべぬた」で軟骨の食感を楽しむ。

「時季もののお魚はどうしても価格が付けにくいんですけどね、新鮮で大きな素材を自信を持ってお出ししてます」

楚々とした気品を漂わせながらも、しっかりと店を守り抜いてきた宮本さんの心が、この言葉に表れているようだ。

手前「きんきの開き」3200円～は生姜と醤油で。奥の「八角の開き」1800円～はたっぷりとかかった味噌と刻みねぎで

●あぶらびれ

北海道札幌市中央区南３条西３丁目
克美ビル５階
☎011(241)0488
営業時間　17：00～23：00
定休日　日曜、祝日
交通　南北線　すすきの駅より徒歩３分

【お品書き】
やまべ 1000円／かれい 1300円／にしん 1300円～／シシャモ 1000円／八角焼 2500円～／タラバ 3500円～／なまこ 600円／かきす 1000円／ままかり 500円／ちゅう 400円／他

【酒】 全て正一合
国稀(北海道) 400円／男山(北海道) 400円／「やまべ酒」富貴(兵庫) 600円

北海道

温かなおでんと獲れたての魚の炉端焼きで更ける夜も楽し

炉ばた 挽歌

旧釧路川沿いに、唐突に居酒屋で賑わう界隈がある。小さな店が所狭しと軒を並べ、夜毎に酒呑みの物語を生み出す街、栄町。しかしながら昔から店を構え続けてきている店は実に少ない。ここ「挽歌」はそんな数少ない店の内の一つだ。

赤提灯には「おでん」の文字。平均気温の低い釧路では夏場でも変わらずおでんが旨い。良く出汁の染み込んだ大根、とうふ、近海でとれるさおまえこぶに舌鼓を打っていると、主人の中塚さんが実になつっこい笑顔で話し出す。「店は昭和32年からやっとるんですよ。ずっとおでんと焼き物だけでね。店の名前は、その頃ベストセラーになった、原田康子の小説のタイトルを付けたんです」

十人も座れば一杯になってしまうようなカウンター席。その一角の小さな炉の上では生干しの氷下魚がちりちりと焼かれて音を出す。その音に誘われるかのようにして中塚さんが、釧路湿原に対する熱い想いを語り出す。

釧路湿原を8ミリに収めはじめてからもう40年以上になる。夜の片付けが終わるのは深夜1時過ぎ。それでも休日は、カメラを背負って森に入

たっぷりとだし汁を含んだねたの数々。夏場でもおでんが食べられるのは、平均気温の低い釧路ならではと言える。この地で採れる「さおまえこぶ」２０００円は柔らかく深みのある味わい

り続けてきた。

「満月に合わせて森に入った時のことですわ。夜もとっぷり更けた3時頃だったなあ。大っきな満月が徐々に登ってきて、真っ暗だった森の中を煌々と照らし出したんですね。川のせせらぎに紛れて、鹿が高くヒョーンと鳴く。もうなんともいえない気持ちになりましたね」

奥さんの出身地である広島の地酒で程良く酔った体に、主人の言葉は心地よく響いてくる。目を閉じて思う満月が、鮮やかに釧路湿原を写し出していた。

馴染みのお客さんによる主人の似顔絵

昭和32年から、温かい料理と会話でお客さんを魅了してきた中塚御夫妻

赤提灯の「おでん」の文字に引き寄せられ店に足を踏み入れれば、さらなる魅力に取り付かれる

氷下魚（こまい）は、北海道では「かんかい」と言う名でも親しまれている。生干しのものを炭火でじっくり焼くとほろほろと身がはがれやすくなる。600円

●ろばた　ばんか
北海道釧路市栄町３丁目１番地
☎0150(25)3959
営業時間　18：00～24：00
定休日　日曜、祝日
交通　JR釧路駅より徒歩15分
【お品書き】
おでん　１ねた200～250円
大根・さおまえこぶ・とうふ・玉子・巾着・じゃがいも・がんもどき・にんじん・こんにゃく・わらび／他
焼き物　カレイ 700円／ほっけ 700円／ししゃも 700円／イカ 700円／生干し氷下魚 700円／豚の串肉 700円
【酒】
千福特選清酒(広島)／700円

持ち帰りも可能なおでんはこの店の名物。昆布だしでしっかりと味が整ったねたは一点200円。大根、とうふ、さおまえこぶがおすすめ

道東の厚岸(あっけし)から入荷している大ぶりの「生牡蠣」1700円。この新鮮さと大きさは見事なもの

北海道

居酒屋

あんぽん

道東厚岸産の牡蠣は生でも焼いても舌を巻く旨さ！

札幌、すすきの。道東や道南で採れた多くの新鮮な食材が多く集まるこの街は、雑多に店が並ぶ繁華街として有名である。この中から気に入った一軒を見つけだすのはなかなか難しい。

人一人が通れる狭い階段を登って辿り着く「あんぽん」も、人づてでなければなかなか踏み込めない。

カウンターのみの店内は16人も座れば一杯になってしまう。お客の半分は常連たち、半分は観光客であるという。

店の名物は厚岸産の大振りな牡蠣。一口では食べきれないほどの大きな牡蠣は、当然生でもいける。そんな新鮮さに贅沢にも火を通す焼き牡蠣もたまらない柔らかさだ。

「うちはね、本当に家庭でもできるような料理しか置いてないんですよ」

主人の襟川栄子さんの声に促されるように、壁に掛けら

氷の上できゅっと引き締まる新鮮な「ホヤ刺し」1200円。なめらかな口当たりと、かすかに残る独特な風味はまさに日本酒にぴったり

れた手書きのお品書きを見てみる。しかし、その食材は北海道ならではのものが多く、道外出身のものには馴染みが薄いものも多い。なるほどこれが北の家庭の味かと、物珍しさも手伝って箸がすすむ。白身の軟骨を醤油とゼラチンだけで固めたかすべの煮凝り、新鮮そのもののホヤ刺し、獲れたての北寄貝、帆立貝。小さな黒板に今日のおすすめが書き足される度に喉が鳴る。

　定時を過ぎて、会社帰りの常連客がちらほらと現れる。馴染みの客と会話を弾ませる女将の温かな笑顔を前に、北の我が家を一軒見つけた気分に浸る。

手書きのお品書き。北海ならではの料理が見受けられる

仕入れたばかりの新鮮な魚介の素材が、カウンターの上に所狭しと並べられている

カウンター中央にあしらえられた炉で焼いた「牡蠣」1800円。プリプリとした身で見事な大きさ

「かすべ（エイ）の煮凝り」1000円は春から秋にかけてが旬。地元では一般家庭でもよく作られる

16人も座れば一杯になってしまう、カウンターのみの店内。酒が進むと、常連さんと一見さんの間でも話が弾む

女将の襟川栄子さん。女手で店を支えて早23年。その笑顔と、さりげない気遣いで温かく人々を迎え入れ続けて来た

●いざかや　あんぽん
北海道札幌市中央区南５条西４丁目
ススキノ銀座通り北向
☎011（551）8877
営業時間　17：30〜23：00
定休日　日曜、祝日
交通　JRすすきの駅より徒歩10分

【お品書き】
北海しまえび刺身 1200円／キンキ 4500円／釣りぼっけ 1800円／イカゴロステーキ 1000円／はっかく焼き 1600円〜／北寄刺し 1200円／帆立刺し 1000円／いくらの醤油づけ 750円／子持ちはたはたの飯すし 1000円／ニシン漬け 600円／他

【酒】全て正一合
国稀鬼ころし（北海道）600円／熊古露里（北海道）600円／北の勝（北海道）600円／他

岩手

サザエさん

黄色い光とその名前が目印
盛岡にあったかい居酒屋あり

車通りも多い繁華街に、黄色い光を放つ看板はとても印象的だ。「サザエさん」という名前はすぐに目に留まることだろう

すでに日もとっぷりと暮れてしまった。まだ少しうろうろしていたい、そんな思いで盛岡の街を歩いていると、黄色い看板とそこに書かれた名前に惹かれてついつい寄ってしまいたくなる店がある。その名も「サザエさん」。中を覗いてみると、奥に長く続く「一本の」という表現がふさわしいカウンター、これはいい酒呑みの店だと戸を開ける。おでんのいい香りが腹を刺激する。今日はおでんで一杯といこうか。

　カウンターが広い店というのは随分居心地がいい。これはなかなか嬉しい造りである。カウンターの前にはお目当てのおでんが静かに煮えている。客もちらほら、常連といった雰囲気で、奥さんとの会話も弾んでいる。それにしても綺麗な方である。またしてもこの店のいいところを発見してしまう。

　カウンターの中には今日の

店を切り盛りする主人の谷地輝夫さんとヤス子さん

（手前から）「さんまの塩焼き」500円。「おでん」500円。「おしんこ」200円

カウンターの中にかけられた今日のお品書きの数々。まずはどれからいこうか

暖簾には「サザエさん」の文字。実は貝の名前から取ったのだとか

品書きが木の札で並んでいる。おでんはもちろん、旬の魚やその土地の旨いものがきちんと取りそろえられている。それほど凝っているという品書きではないが、それが逆にありがたい。地方に来て地方のものをいただくというのももちろん素敵なことだが、地方に来ていつもの家庭料理をいただくというのもいい。家庭料理なのだが、やはり地方ということも手伝って、その地方独特の味付けに出会うことができる。寒い北の大地、やはり味付けも少し塩辛くなる。だが、そういう土地に足を踏み入れると自分の身体もそういうものを欲してしまうからおもしろい。

　お目当てのおでんが目の前にことりと置かれる。よく染みて安心する味だ。酒、と頼むと「菊の司」が出てくる。ここでは「菊の司」だけを置く。主人の従兄弟が蔵をやっているそうだ。辛口のしっかりとした味わいがこの季節には嬉しい。

　おしんこをたのむと枝豆のおしんこも添えられていた。これは秋田でよく食べられるものだ。

　創業34年。この道沿いで34年間、「サザエさん」は皆を温かく迎えてくれている。ちなみにサザエさんとは、秋田で獲れるサザエ貝という貝から取った名前なのだそうだ。

（手前から）「あみおろし合え」３００円。「鶏の唐揚げ」５００円。「さばの味噌煮」４００円。「サラダ」３００円

店内には奥に長く広々としたカウンターが伸びる。この広さが心地良い

●さざえさん
岩手県盛岡市中ノ橋通1-8-4
☎019(652)2989
営業時間　17：00〜23：00
定休日　日曜
交通　JR東北本線　盛岡駅より
バスで10分

【お品書き】
いか納豆 500円／豚しょうが焼 500円／いかしょうが炒め 500円／ホヤ酢 500円／とうふ納豆 400円／なめこおろし 300円／馬刺し 800円／葉しょうが 300円／揚げ出し豆腐 300円／他

【酒】 全て正一合
菊の司（岩手）吟醸 350円／菊の司（岩手）純米 350円／他

岩手

いぶしや

ランプの明かりの下で友との会話に酔い酒に漂う楽しみ

創業18年。とてもそうは思えない店構えに、この年数を聞いて驚く。この場所がこんなに賑やかになる前から、ずっとそこに建っていたような、貫禄のある建物である。まるで漁師の小屋のような佇まい、しかしそこにはしかと暖簾が掲げられてある。そうだ、やはりここが「いぶしや」なのだ。ランプの灯りが黒光りした木のカウンターをよりいっそう黒々と照らし出し、「いぶしや」の雰囲気を作り出している。

「このランプがうちの照明なんです」

と言うのは主人の織笠誠次さんである。髭を蓄えた頬にはいつもにこやかな笑顔が覗く。ほんのりとした灯りのもと、織笠さんは炭火で三陸沖からとれた新鮮な魚を焼いている。魚を焼くときには、優しそうな目を一瞬厳しいものに変える。ぎりぎりの瞬間を見据えているのであろう。

「いぶしや」には大勢で来ると良い。仲間同士で焼いた大

「きんき焼き」３７００円

(下)旬のものを出す「刺身盛り合わせ」１６５０円。新鮮な魚介類が並ぶ。(上)みんなで食べたい冬の定番「鴨鍋」１５００円

カウンターの中では主人の織笠誠次さんが焼き場に立っている

貫禄を感じさせる暖簾。思わずくぐりたくなるから不思議だ

盛岡の郷土料理「ひっつみ」450円。たくさんの野菜が入ったすいとんのようなもの

漁師小屋のような佇まい。古い民家を移築して作られただけに重厚だ

店内はランプのみの照明で、ほの暗く不思議と酔った気分になる

きなきんきなどをつつき、地酒を酌み交わす。大勢と言ってもわいわい騒ぐのは似合わない。しっとりと酒と肴を楽しんで欲しい。

酒の肴は十分揃っている。冬ならば鍋の季節だ。岩手には山も海もあるから、どんな素材の鍋でもしっくりくる。特に温まるのはこの時期に食べられる鴨鍋だ。さっぱりとした鴨の味に、少し濃い目の味付けが東北流だ。

酒がまわったか、ふらりとする瞬間、「いぶしや」の店内のいろいろなものが幻想的に見える。ランプの明かりに照らし出されたお品書き、仕切りとなっている人力車の車輪のオブジェ…。漁師小屋の中には、人を酔わせる要素がたくさんある。それは、私たちが「いぶしや」を楽しんでいるという証拠に他ならない。

壁に貼り出されたお品書き。新鮮な魚が看板メニューだ

●いぶしや
岩手県盛岡市菜園2-4-6
☎019(651)0084
営業時間　16：00～24：00
定休日　日曜
交通　JR東北本線　盛岡駅より徒歩10分

【お品書き】
さんま焼 750円／にしん焼 650円／カレイ焼 700円／まいたけ天ぷら 500円／穴子天ぷら 700円／芋の子汁 400円／しめさば 450円／うど酢味噌 350円／ホヤ酢の物 450円／川海老から揚げ 450円／木の芽田楽 250円／他

【酒】全て正二合
岩手川(岩手)純米 650円／あさびらき(岩手)純米吟醸 650円／菊の司(岩手)純米 650円／他

くつろげるカウンターが「北洲」の特等席。ここで「お母さん」と話をしながら酒を呑むのもいいし、きりたんぽで温まるのもいい。あくまでも自分の楽しみを貫ける店だ

秋田

北洲

「きりたんぽにハタハタ」郷土料理と「お母さん」に会える店

いらっしゃいと呼びかけてくるような店構えに誘われて戸をがらりと開けると、カウンターの中に誰でも温かく迎えてくれるお母さんがいる。お母さんはいつもの場所でいつものようにきりたんぽを焼く。これは儀式のようなもので、店を始めた28歳のときから何十年と繰り返し行われてきた仕事である。

終戦後まもなく焼鳥屋として開店した「北洲」は、現在秋田の郷土料理を存分に楽しめる居酒屋として賑わっている。その変貌を静かに見つめてきたのが、お母さんこと藤島静子さんだ。きりたんぽを焼く仕事は欠かさず行ってきた。昨年病気になったときも店だけは休まなかった。お母さんを慕って来るお客さんがいるからである。きりたんぽ専用の焼き台では木の棒にきれいに形作られた米粒がちりりと炙られている。

「こうすると、焼き上がりがぜんぜん違くなるの。まわりまでふわっと美味しくできるのよ」

そのふわっとしたきりたんぽがこの店の名物の一つである。他県、とりわけ関東以西では、きりたんぽというと甘味噌を付けて焼くものをイメージすることが多い。しかし、秋田のきりたんぽと言えばな

主人の藤島静子さん

賑やかな通りに面した「北洲」のこれまた賑やかな明かりが酒呑みの心をくすぐる

んといっても醤油味のきりたんぽ鍋である。冬の寒い時期など、鍋を囲んで熱燗をくいっといけば、寒さなど何のそのである。とにかく秋田ではこの温たまり方をおすすめしよう。

もう一つの名物は「ハタハタ」だ。今では水揚高もめっきり減って高級魚になってしまったが、味は庶民の好きな家庭の味だ。ぶりっこ（ハタハタの卵）の詰まったところをガブリといきたい。

この他にも秋田の美味しさと温かさを満喫できるお母さんの味がたくさんある。県内のお客さんにも、県外からのお客さんにも、同じような雰囲気で温かく包んでくれる空気がある。

そんなお母さんの温もりに触れたくて、今日もたくさんの人たちが「北洲」を訪れる。そしてお母さんは、いつもの笑顔でみんなを迎えてくれる。

（手前より）「ハタハタ」1000円〜1200円（時価）。「きりたんぽ」1700円

ぷちぷちとした歯ごたえが楽しい「とんぶり」500円。酒によく合う

ゆったりとくつろげる店内は、思わず長居してしまいたくなる雰囲気

秋田のなまはげが飾られた店内。郷土色豊かな料理を連想させる

●ほくしゅう
秋田県秋田市大町4-1-11
☎018（863）1316
営業時間　17：00〜24：00
定休日　日曜、連休最終日
交通　JR羽越本線　秋田駅より徒歩15分

【お品書き】
にしん焼き 1000円／じゅん菜 500円／肉じゃが 500円／ホルモン煮込み 500円／いか鍋 1000円／きんき焼き 4500円（時価）／他

【酒】
両関（秋田）大吟醸 800円（グラス）／両関（秋田）純米 500円（グラス）／両関（秋田）純米生酒 900円（一合びん）／他

秋田

酒盃

秋田の地酒が50種以上勢揃い 旬の味を地酒に合わせて食す

主人の沖口隆夫さん。酒に対するこだわりは料理へのこだわりとなって客に返ってくる。その真剣な眼差しが印象的だ

秋田市山王、比較的賑やかな場所に、どっしりとした佇まいの店がある。三角屋根の建物、入り口の格子戸の様子、黒光りしたいい雰囲気の柱、これは入らずにはいられない、早速ガラリと戸を開ける。

　外観を裏切らない店内の様子にまた胸を高鳴らせながら席につく。秋田杉をふんだんに使った内装である。一階は皆で楽しめる雰囲気、二階はしっとりと落ち着いた民芸調の造りとなっている。

　店は創業24年。主人の沖口さんが店を切り盛りする。長い白髪と髭を蓄える独特な風貌からは、仙人ということばを連想してしまう。そして、この主人の風貌こそ、「酒盃」の名物であると言っても過言ではないだろう。

　店の名前からも解るように、ここは酒呑みの店だ。ただ、この店は酒を楽しもうという人に優しい店である。どんな酒でも飲めば一緒というのでは、「酒盃」を楽しめないこ

入り口の格子戸など、これはという佇まいを見せている

お通しの「箱膳」1500円。旬の小品が6品日替りで供される

「居酒屋酒盃」という提灯の文字はきりりとしていて上品

店内は秋田杉をふんだんに使った落ち着きのある風情。黒光りする柱が印象的だ

とになる。なぜなら、ここには楽しめるだけの酒が十分にある。そして、その酒に最もふさわしい肴がある。秋田の酒には秋田の旨いものが合う。単純だが、その土地では当たり前のことだ。とにかくその土地の旨いものをいただくことにしよう。

　お品書きを見ると当然のごとく旬の素材に出くわす。そして酒呑みのための酒肴もそろっている。刺身、焼き物、珍味…、秋田を丸ごと食べようかという気持ちすら起こる。秋田名物のたくあんを燻した「いぶりがっこ」にも出会うことができる。

　沖口氏は年に何回か「美酒美食クラブ」という会を開いている。

　酒蔵の杜氏さんを招いて、より旨い酒とそれに合う旨いものをと奮起している。

「酒は酒でも、店においている限りはなるべく作っている人の見える酒をという思いがあります」

　日本酒を常に50種類は置くというだけあって、酒にはこだわる。飲んだくれの会ですよと沖口氏は言うが、酒に対する探求心は並ではない。

秋田の郷土料理でもある「鯨と茄子の味噌貝焼き」800円

どっしりと落ち着いた店構えは美味いものを出すという雰囲気を伝えている

●しゅはい
秋田県秋田市山王1-6-9
☎018(863)1547
営業時間　17：00～22：00
定休日　日曜、祝日不定休
交通　JR羽越本線　秋田駅より車で5分

【お品書き】
牛たん塩焼き 600円／馬さし 600円／白魚とじゅん菜のみぞれ貝焼き 800円／イカそーめん 600円／アジの味噌たたき 600円／白魚の山芋かけ 600円／生うにの柳川 1200円／他

【酒】 全て正一合
雪の茅舎（秋田）大吟醸 1000円／美酒の設計（秋田）純米吟醸 700円／酒盃（秋田）純米大吟醸 1200円／美稲（秋田）純米 700円／刈穂（秋田）大吟醸 1000円／他

宮城

源氏

酒を注文すると出るお通し。１杯目が「豆鯵の唐揚げ」(写真手前)、２杯目は「冷やっこ」(写真奥)、３杯目「メジマグロ、カツオの刺身」(写真右)、４杯目「シジミ汁」(写真左)

客との間合い酒肴との間合いも絶妙な酒呑みぞ知る聖域

酒呑みは一つや二つ、自分の肌にぴたっとはまる店を持っている。気に入った店を隠しておきたいと言いつつもことさら自慢したくなるのも酒呑みの常だ。酒呑みは我儘だ、誰もが一家言持っている。それだけに飲み屋への思いは熱い。酒、肴、雰囲気、これらの三位一体の微妙なバランスを多くの酒呑みたちは一瞬にして鋭い嗅覚で嗅ぎ分ける。

ここ「源氏」は、仙台でも古い飲み屋街の最も奥まった目立たない場所にある。創業が昭和25年というからかれこれ50年以上、仙台ではかなり古い部類だ。ほの暗い落ち着いた扉を開けると、コの字形のカウンターが目に飛び込んでくる。一枚板の幅広で頑丈な、それでいてふっと気を許してしまいそうな懐かしい思いを抱かせる。幾多の人がここに座り、板をさすりながら、時に拳を握り締めながら酒とともに和んだであろうか。そんな思いを瞬時にして思わせる心和む温かいカウンターだ。びくびくと嗅覚が働きだす。

まず酒を1本頼む。心得たように豆鯵の唐揚げが出てきた。勢い2本目の酒をお代わりすると冷やっこ、調子よく3本目を頼む。マグロとカツオの刺身がさりげなく出され

酒は２種類の新政だけという姿勢に女将の心意気が溢れる。昔から愛されてきたこの銘酒ならではの味

る。もうちょっと、と4本目、今度はシジミ汁がついてきた。酒と肴がセットで出てくる。日によって多少肴が変わる場合もあるが、4本目までは基本的にこの手順を踏む。他にも酒の肴は豊富だ。50年来のぬか漬け、脂ののったしめ鯖、まったりとした塩辛、季節の魚、山菜など、手間隙かけた酒の肴がずらり並ぶ。どれも欲張って頼みたくなる。

　この店の客たちは不思議と居ずまいがいい。老いも若きも適度に華やかで、自分の場所をわきまえ、酒の席だからという度を越した甘えがない。酒の楽しみ方を知っている。一見の客でもすんなり溶け込めるいい雰囲気だ。酒呑みも店を選ぶが、店も客を選ぶ。この店の50年もの歴史と雰囲気は、客と店が一体となって作りあげてきた、とつくづく感じ入る。理屈なく自慢したくなる店の一つだ。

壁には手書きのメニューが並ぶ。旬の魚料理が豊富だ

人気の「ぬか漬け」500円と「塩辛」、先代女将から引継いだぬか床は今も「源氏」の味を支えている

身の締まり方といい、脂ののりといい、見るからに、味わうからにこたえられない旨さの「しめ鯖」900円

呑ん兵衛の心を癒す女将の笑顔。接客は一人でこなしている

今では貴重な船形天井の下、飴色に鈍く光るずしりとしたカウンターが目に入る。簡素な中にも歴史の重みを痛感させずにはおかない空間。そこには、柔らかな照明に映し出された、酒呑みぞ知る心地よい空気が広がっている

●げんじ
宮城県仙台市青葉区一番町2-4-8
文化横丁
☎022(222)8485
営業時間　17：00～23：00
定休日　日曜、祝日
交通　JR仙台駅より徒歩10分

【お品書き】
鯵刺 700円／カツオ刺 800円／カツオタタキ 900円／いわしぬた 700円／穴子煮付け 800円／磯つぶ酒蒸し 600円／山菜しどけ 500円／葉わさび 600円／山ひじき 400円

【酒】
日本酒一杯(お通し付き) 800円
※日本酒は2種類の「新政」のみ
ビール(お通し付き) 900円
にごり酒(お通し付き) 800円

宮城

一心

「酒を活かす魚」「魚を活かす酒」この究極の取り合わせに唸る

酒を一口含み、静かに胃に流し込む。ふわり芳しい香りが鼻に抜け、口中は甘く鋭い芳醇な香りで満たされる。旨い酒と出会ったときは理屈抜きに頬が緩む。それが旅の途中の、思いもよらぬ出会いならことさらだ。

　旨い酒を飲ませる店は全国にも数知れずあるが、地元の魚に合わせ酒を吟味し、取り揃えている店は珍しい。なるほど地元の魚には地元の酒がはまるのか、自然、宮城の酒が多く揃った。その土地ならではの酒と魚、その相性はこれ以上ない贅沢だ。酒呑みの胃袋を心地よく満たしてくれる。

　酒にもまして自慢したいのは新鮮この上ない魚介類だ。地元でもなかなかお目にかかれない本マグロ。この大トロ部分をさっと表面を霜降り状に網焼きする。頬ばったはしからとろける滑らかさ柔らかさ、かつて味わったことのないマグロの甘味、旨味。やみ付きになる。料理人の腕が冴

料理屋を思わせる品のよい端正なたたずまいに、一歩足を踏み入れたとたん、自ずと期待も高まる

すっきりとして落ち着いた店内。カウンター10席、小上がり20席は、おかみの細かな配慮が行き届く広さ

気の利いたこの突き出しだけでも、旨い酒が飲める予感がする

これぞ絶品「本マグロ・大トロの網焼き」3000円(時価)

える一品だ。毎日必ずあるとは限らないが、一にも二にもなくおすすめだ。

宮城は海の幸がとりわけ豊富で実に恵まれた環境にある。白ボタン海老、ホタテ、鮑、ウニ、赤貝、ホッキ貝など、高価で、普段あまり口にすることができない魚介類が滅法安い。珍味はホヤとコノワタを凍らせた「ばくらい」、マンボウのコノワタ、伊達正宗も好んだと言われている蒸し鮑など、日本酒には殊のほか旨い。この出会いこそ、旅の醍醐味だ。

酒好きには心躍る地酒の数々。他ではお目にかかれない幻の酒との出会いも楽しみだ

若く美しい女将の心からのもてなしに、心揺さぶられる御仁も多いとか

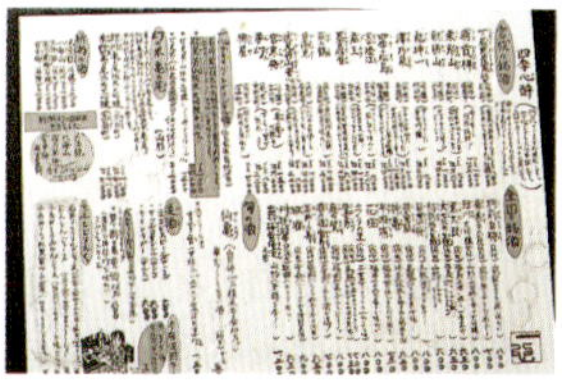

宮城県内だけでなく全国各地の銘酒がズラリ。一つ一つの丁寧な解説が嬉しい

●いっしん
宮城県仙台市青葉区国分町3-3-1
ダイハツ板垣ビルB1F
☎022(261)9888
営業時間　17：00〜24：00
定休日　日曜
交通　地下鉄勾当台公園駅より徒歩2分

【お品書き】
一心けやきセット 3500円（旬の造り、酢の物、揚げ物、焼き物など５品）／他　広瀬コース 5000円／青葉コース 7000円／定禅寺コース 10000円
新鮮魚介類の単品メニューも豊富

【酒】
一心（一心オリジナル限定酒・伏見男山純米酒）1000円（グラス）／一の蔵／浦霞／乾坤一／綿屋／四季の松島／澤乃泉など、いずれも1000円（グラス）前後、他全国の地酒を常時60種揃えている

山形

川なり

酒は美と詩を招く…そんなことばに酔いつつ更けていく夜

カウンターの隅から見える光景は、主人のきびきびとした包丁さばき。料理を扱っているときの表情は真剣そのものだ

「いらっしゃい！」

威勢のいい声が店内に響く。この一声で、入って正解だという安堵感が体中を駆け巡る。居酒屋はこれでなくてはいけない。いくら酒や肴が旨くても、人がどんよりと曇っているようでは何だか期待はずれだ。店はその店の人をも映し出す鏡のようなものだ。鏡に映されているのだから、店主はぴしっとしていなくては…などと考えるのはよそう。いい店と直感したからには、その店の美味しいところを全て食べ尽くして帰る心づもりである。

「川なり」のちらと覗く戸の間からは、主人が真剣な眼差しで包丁をきびきびと動かしている姿が見える。その姿に、料理人であるという予感が胸をよぎる。「川なり」の主人は料理人である。何を当たり前のことをと思われそうだが、現に料理人のようで料理人でない居酒屋店主もいる。その季節の素材を吟味し、真剣に

(手前)詰め物をした「あけび」400円　(奥)名物「芋煮」650円

地下の食堂街を歩いていくと、この暖簾と看板が見えてくる

料理人と呼ぶにふさわしい主人の後藤宗明さん。料理の目は厳しい

向き合う姿勢には妥協を許さぬといった厳しさが感じられる。商売人というよりは、まぎれもない料理人なのである。

ここでは日本酒をたのもう。壁に貼り出された力強い日本酒のお品書きに、これは呑まずにはいられないという雰囲気だ。「名酒の中の名酒」などと書かれたキャッチフレーズに誘われてしまうのもこの雰囲気からか。それでもいい、美味しい酒と美味しい肴で今宵は楽しもう。

料理人が作る料理は、酒呑みの心をくすぐるものばかりだ。特に日本酒と合う肴が多く、やはり酒がすすんでしまう。いかわたの味噌漬けなどは、これでもかというほど辛口の酒にぴったりである。いかわたの苦味、生臭さが味噌の香りで中和され、一口やってぐびといくと口の中でえもいわれぬ音楽を奏でだす。これぞ居酒屋の酒肴である。さらに、山形でなくては食べられない地元の独特な料理なども顔を出し、カウンターはたちまち賑やかになる。

店内の片隅に、ひっそりと掲げられた句を見つけた。

「酒は美と詩を招き、美と詩は酒を招く」

「川なり」の酒肴と酒の組み合わせが、ふと頭によぎる。美しいものを招く力を持つ「川なり」の酒肴と酒で、今宵はやはり酔ってしまいそうだ。

（手前）「いかわたの味噌漬け」300円（奥）「どじょうの唐揚げ」600円

店内に入ってすぐにあるカウンター。カウンターの奥には、厳選された旨い酒がそろう

このキャッチフレーズに誘われてしまうのが酒呑みの悲しい性である

●かわなり
山形県山形市香澄町1-8-8
☎023(631)0994
営業時間　17：00～23：00
定休日　日曜
交通　JR奥羽本線　山形駅より徒歩１分

【お品書き】
舞茸の天ぷら 650円／きのこ汁 500円／もって菊のおひたし 300円／カレイの唐揚げ 650円／牛煮込み 500円／生サンマ 時価／めひかりの唐揚げ 時価／沢ガニの唐揚げ 時価／他

【酒】 全て正一合
十四代(山形)清酒 400円／八海山(新潟)吟醸 650円／上喜元(山形)純米吟醸 500円／他

福島

籠太

茶屋風情を存分に味わえる店 会津の「籠太」ここにあり

カウンターの中でせっせと焼鳥を焼く主人の鈴木真也さん。絶妙の距離を持ってお客さんと接する

「籠太」という名前の店が昔あったという。その昔は居酒屋とは呼ばず茶屋と言ったそうだ。城下町会津若松において、その茶屋が人々の心を和ませ、人と人との交流の場となった。そんな茶屋の風情を今に伝えられたら…という思いがこの店の名前、店の柱となった。「籠太」は実際に茶屋を知らない世代の人でも、自然と茶屋の雰囲気が身に付いてしまう、そんな店である。

　会津は酒を呑ませる店が多いところだ。あらゆるところに雰囲気の良さそうな店が点在している。そんな会津において「籠太」の入り口はごく普通だ。だからこそすっと入っていける、すぐに馴染める感がある。「籠太」では入り口に靴箱（と言うより下駄箱と言った方が似合っている）があり、ここで履物を脱ぐ。入り口のすのこにも何か懐かしいものを感じつつ上がると、コの字型のこじんまりとしたカウンターとその中で炭を焼く主人の姿が見える。カウンターの中は一段低くなっており、客が座るとちょうど主人と目線が同じになる。主人の手さばきを眺めるのにもってこいだ。

　おもむろにカウンターに座ると、張り出された品書きが

カウンターを中心とした店内はしっとりと落ち着ける雰囲気

焼鳥が4本付く「おすすめセット」700円。いろいろな味が楽しめる

赤提灯がほんのりと光を放ち、いかにも居酒屋の風情を感じさせる。この入り口こそ居酒屋の基本であろう

まず目につく。焼鳥を中心としてその時期の旬のものが並び、品書きを見るだけでこれはやるなと思わせるものばかりだ。鶏料理は高田町の会津地鶏を使ったもので、鶏そのものの味が違う。その焼鳥は、地鶏特有の歯応えがあり、噛み締めるたびに深い味わいが後を引く。この地鶏のパワーは凄い。これが本物の鶏肉の味なのだ。

「地元のもの、美味しいもの、安全なものを出すということは拘りということではなく、当たり前のこと。そのためには素材を仕入れているところや酒屋さんなどとのパートナーシップが一番重要なことなんです」

鶏だけでなく調味料に至ってもその考えは貫かれており、それが全て一体となって美味しいものが作られているのだ。多くは望まない。ただ、解ってくれる人たちが来てくれれば。しかし、拒むこともない。「籠太」は、静かだが大きな存在感を持って、この地に根を張り続けることだろう。

吸いつくような食感と甘さがやみつきになる「鶏わさ」500円

(右)「鶏しゅうまい」450円
(左)郷土料理「いも汁」400円

●かごた
福島県会津若松市栄町8-44
☎0242(32)5380
営業時間　17：00～23：00
定休日　日曜
交通　JR磐越西線　会津若松駅より徒歩15分

【お品書き】
地鶏やきとり(1本) 200円／つくね 150円／なんこつ 150円／手羽先(2本) 300円／野菜串 150円／鶏だんらん蒸 600円／鶏立田揚 800円／桜刺 750円／にしんの山椒漬 400円／こづゆ 350円／旬の枝豆 400円／ほやの塩辛 500円／他

【酒】全て正一合
得月(新潟)限定大吟醸 1500円／笹正宗(福島)純米 500円／雪中梅(新潟)純米 1200円／他

福島

麦とろ

「また来らんしょ」のことばに胸が熱くなる温かい場所

今年初めての松茸をいただいたのはこの店だった。この時期になるとほぼ毎日のように山へ行って松茸を採ってくるという主人が初物を手に現れ、「入らんしょ、入らんしょ」と言って店に招き入れてくれる。

まあまあ入りなさい、という意味なのだが、この方言が耳に心地良く響く。「麦とろ」はそんな主人の心地良い方言が流れる温かい店だ。

お品書きをちらと覗くと、豊富な品揃えの中にもこの土地の郷土色豊かな料理を散見することができる。馬刺し、にしんの山椒漬け…カウンターにのった肴の数々は私たちから見れば豪華そのものなのだが、主人にとってはほんの家庭料理なのだそうだ。毎日ではないだろうが、会津の人々はこんなものを食べているのかと思うとうらやましい限りである。馬刺しは会津でよく食べられる料理の一つで、都内の居酒屋などでも比較的見かけるメニューなのだが、

地元会津坂下の「馬刺し霜降」1500円。オリジナルのつけだれでいただく

主人の猪俣浩さんが、温かく迎えてくれる

大きな看板と暖簾が目印。店の名前通り、麦とろが看板メニューである

ここでいただいた馬刺しは一味も二味も違った。地元の新鮮な素材の、しかも霜降りという1頭から2～3㎏しかとれないという代物で、その脂は舌の上でとろりと溶け出し、しつこい後味など少しも残らない。これを二切れ大胆に頬張った後は、会津の辛口の酒をぐいと呑むに限る。採りたての松茸は、女将の花子さんに囲炉裏でちりちりと焼かれ、いい塩梅になったところで豪快に頬張る。

「また来らんしょ」という主人のことばが身にしみる。

奥の囲炉裏では女将の花子さんが落ち鮎や松茸を炭火で焼く

採りたての松茸。会津の地酒と合わせていただきたい

(右)「にしんの山椒漬け」700円 (左)「いかの塩辛」400円

すり下ろしたとろろがふわっと広がる「とろろ天」800円

●むぎとろ
福島県会津若松市栄町4-9
☎0242(24)9886
営業時間　11：00～14：00
　　　　　17：00～22：00
定休日　日曜
交通　JR磐越西線　会津若松駅より徒歩15分

【お品書き】
枝豆 300円／厚焼たまご 400円／酢のもの 300円／ザクザク煮 300円／なすのしょうが焼 400円／イカ焼 800円／イカなっとう 600円／モツ煮込み 400円／シシャモ 500円／焼肉定食 800円／他

【酒】全て正一合
辛口花泉(福島)吟醸 900円／会津中将(福島)純米にごり 600円／至徳元年(福島)純米 500円／他

「麦とろ」の看板メニューである「麦とろ定食」800円。自家製味噌で作る味噌汁や季節の惣菜がつく

新潟

案山子

新潟ではよく知られた「フナベタ」500円。香ばしい匂いが食欲をそそる

古き良き農家の素朴に触れ酒屋の文化を感じる居酒屋

新潟市の中心街古町。「古町十字路」周辺にはデパートやアーケードなどショッピングを楽しむ観光客や地元の人々が多く行き交い、ひとたび通りに入ると昔ながらの老舗に出くわす。また近くには新潟の台所、本町市場があり新潟市民の空腹を満たす。

そんな活気溢れる町並みに遠慮がちに店を構えるのが「案山子」だ。読んで字のごとくあのかかしである。主人が農家の生まれであるためこう名付けた。店内には草鞋などがそこここに飾ってあり雰囲気ある店内になっている。

主人がデパートの営業から脱サラしてこの店を始めたのが昭和54年。もともとお酒は好きなほうだから居酒屋を始めたのも自然な流れである。また営業の経験を活かしてお客との会話も弾む。ただ、すすめられても主人が酒を呑むことはない。

「お客さんからはお酒を教えてもらっていますから」

という。お客との境界線をしっかりと設けて出しゃばることのないよう気を遣う。こうした心遣いが嬉しい。

刺身の盛り合わせをまず注文する。なんとも綺麗な盛り合わせではないか。目で楽しませ、もちろん味で満足させ

笊いっぱいに乗せられたぐい呑み。どれを使おうか迷ってしまう。酒呑みの楽しみの一つになっている

店内には草鞋などが飾ってあり農家の雰囲気を醸し出す。カウンター越しの会話も弾むことだろう

る王道をしっかりと守った逸品だ。

　ここで珍しいものを注文してみる。フナベタである。俗に骨せんべいと言われるものでかりかりとした歯ごたえと香ばしい香りが口の中に広がる。新潟ではよく口にする名物だ。

　締めくくりに豆腐鍋で温まることにしよう。シンプルだが安心していただける居酒屋

各種取り揃えられた銘酒が疲れた体を癒してくれそうだ

冬場にはもってこいの「豆腐鍋」600円。心も温まりそうな一品である

酒の文化を出来るだけ伝えたいと主人の阿部勝也さんは心がけている

の定番だ。

「案山子」では日本酒は冷だとグラス、燗だとぐい呑みになる。

　肌寒いので燗をたのむと主人がおもむろに笊いっぱいのぐい呑みを出して来た。その中から好みのぐい飲みを選ぶ。色、形それぞれのぐい呑みを見ていると心が和む。

「大酒ではなくより美味しいお酒を楽しんでもらいたい」

　と主人が語ったその言葉に居酒屋が守る文化が脈々と受け継がれているのだろう。

新潟の中心部にこぢんまりと居を構え、酒好きの空腹を満たす

「刺身盛り合わせ」1500円。色とりどりの新鮮な魚が華やかに盛られ、食べるのにはもったいないと思われるほどの出来栄え

●かかし

新潟県新潟市東堀前通り5−423
☎025（224）9401
営業時間　17：00〜24：00
定休日　日曜、祝日
交通　新潟交通　古町バス停より徒歩３分

【お品書き】
肉ジャガ 500円／月見イモ 500円／ジャガバター 400円／山かけ 700円／くじら焼き 600円／キスフライ 600円／シューマイ 400円／いか塩辛 450円／他

【酒】 冷・グラス、燗・ぐい呑み
麒麟山（新潟） 540円／おやじ（新潟） 540円／朝日山（新潟） 540円／八海山（新潟） 540円／寒梅（新潟） 860円／雪中梅（新潟） 860円／他

石川

近江町食堂

活気ある食堂と居酒屋の温かさが渾然一体となった店があった

昨年７月に居酒屋として再出発した「近江町食堂」。つまり前身は食堂である。丼ものや定食を出していたのを今でも引き継ぎ、居酒屋に居ながらにしてかつ丼や牛丼が食えるのだ

「おみちょ」の呼び名で親しまれる近江町市場の鮮魚通りにある

日本の名勝兼六園、室生犀星で有名な犀川など金沢には各地に風光明媚な名所が点在する。その中に一際活気溢れる場所、近江町市場がある。地元の人には「おみちょ」の呼び名で親しまれ、３５０年も続く金沢の台所だ。加賀蓮根、丸大根、金時草（きんじそう）、くちこ、コウバコなど他では味わえない加賀、能登の食材がここでは楽しめる。

その近江町市場の鮮魚通りの奥まったところに「近江町食堂」はあった。サラリーマンが出張帰りにちょっと一杯と思いきや食堂である。それもそのはず昨年の七月まで丼ものなどを出していた大衆食堂だったのだから。近くには金沢中央卸売市場があり朝早くそこで働いた市場の人々が近江町食堂で空腹を満たす。中にはそのまま寝てしまう人もいる。そうした食堂の名残を維持し新しく居酒屋として生まれ変わった。だからかつ

丼、牛丼は当たり前、定食も味わうことができる。

　しかしここ近江町食堂のメインと言えば魚である。中央卸売から仕入れた新鮮な魚を常に提供できる。煮魚では鯖、むつ、小だこ、赤がれい、刺身はすずき、かんぱち、甘えびなど地ものには拘らない品揃えが、魚好きにはたまらない。特質すべきはゴリの佃煮である。小ぶりなゴリを絶妙な味付けで佃煮にしたものだ。

　食堂の名残だろう、どれも値段は手ごろな価格に抑えられている。「工夫というよりも値段を抑えた美味しいもの」と主人はいつも心がけている。新鮮な魚はいつでも手に入る。だからできるだけ値段を抑えた料理をお客に出したいという心意気が嬉しい。

　災害が少ない金沢だからそうしたことも可能なのだろう。しかしこれだけの心遣いがあってもみそ汁の具を豆腐にしてくれなどの注文もある。そうした店とお客の楽しげなコミュニケーションが店に活気を与え、「近江町食堂」の今を形作る。古き良き食堂の名残を今でも残す、懐しい空気に溢れた飾らない美味しい居酒屋だ。

値段を抑えて工夫することを心がける主人の小室秀一さん

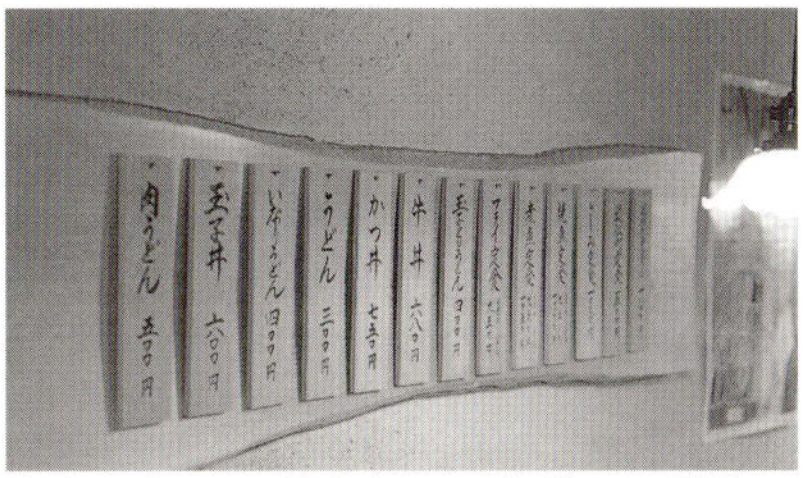
店内にあるお品書きには食堂でお馴染みのメニューがずらりと並ぶ

「ふぐのかす漬け」580円。人気メニューの1つ

「ゴリの佃煮」400円。小ぶりなゴリを甘辛く佃煮にしたもの

店内は食堂の賑わいをそのまま残したような活気溢れる場所

「本ズワイがに」1500円。家族連れにも喜ばれる

●おうみちょうしょくどう
石川県金沢市青草町1番地
☎076(221)5377
営業時間　10：30～14：30（ランチ）
　　　　　17：00～22：00
　　　　　（ラストオーダー 21：30）
定休日　日曜
交通　JR金沢駅より徒歩15分

【お品書き】
うどん 300円／牛丼 680円／かつ丼 750円／フライ定食 950円／さしみ定食 1000円／塩だら 500円／さんま 600円／サーモン 700円／すずき 800円／かんぱち 900円／ふぐ唐揚げ 600円／他

【酒】お銚子
立山（富山） 350円／黒帯（石川） 900円／他

昭和9年に始めたおでんの味を守り、変わらない固定客を持つ主人の宮崎勝彦さん

石川

おでん 菊一

懐かしい木札に染み込んだ おでんの香りについ誘われる

　北島三郎の「加賀の女」に「君と出会った香林坊の酒場に赤い灯（ひ）がともる…」（作詞／星野哲郎）と出てくる香林坊（こうりんぼう）のバス停の近くに「おでん菊一」はある。

　創業は昭和9年で主人が継いだのは昭和45年。「加賀の女」が世に出されたのが昭和40年代半ばだと記憶するから、ちょうど「加賀の女」が出た時期と今の主人が「おでん菊一」を継ぐ時期は一致するようだ。

「おでん菊一」の片町界隈は昔で言う繁華街であった。再開発構想の煽りか年々寂しくなりつつあるのだという。

　主人は初めはおでん屋を継ぐ気は全くなく建設会社に就職した。継いだのは兄だった。しかしお兄さんが亡くなられて仕方がなく継いだというのが本音だという。

　最初は見よう見まねで始めていたが、幼少の頃店を手伝っていた経験が功を奏してかすぐに慣れた。おでんの出汁は先代から引き継いだもの。だから昔からの常連も多い。

「先代に借りた2、3銭を今ごろ返しにこられる70、80歳のお客もいるから困っちゃうね」と主人は笑う。しかしそんな長い付き合いの常連がいるということに驚いた。

「バイ貝」500円。「がんもどき」400円。「昆布」250円。「つみれ」250円

おでんのネタは昔と今とでそう変わりはしない。時代に迎合することなく、昔ながらの味を大事にするからお客も安心して足を運べるというもの。そして、一杯の酒があればもう言うことはない。

昔は「菊一」という酒があったのだという。それが戦争の配給で「日榮」という酒になった。口にしてみると甘すぎず、辛すぎずマイルドな味で実におでんにマッチする。

また心憎いのがおでんのネタの名が書かれた木札だろう。古いおでん屋だとこうした物が残っているのだろうか。使い古されたそれには時代という薫りがよく染み込んでいるようだ。お客の前にその木札を置き後で精算する。記念に持って帰りたいという人もいるぐらいだ。

またこの辺は今の金沢大学の前身、旧制四高の庭でもあった。当時の学生はここに来ては熱く語っていたという。

「今の若い人は弱いのが多いから」

という主人の言葉から古き良き時代に思いを馳せてみる。

木札の匂いを嗅げば菊一の良き時代が絶妙に染み込んでいるのが分かるだろう。

先代の味を絶やすことなく、引き継がれて来たその味に皆魅了される

小皿に盛られたおでんの一皿一皿は冬場には最高の味を出す

(上)昔のおでん屋は木札を客の前に置き、後で精算していた。記念に持ち帰る観光客もたくさんいる

主人はタイガースのファンである。様々なグッズが並ぶ

飄々とした話し方が小気味良い人気の主人

●おでん　きくいち
石川県金沢市片町2−1−23
☎076(221)4676
営業時間　17：00〜23：00
定休日　水曜
交通　北鉄バス　香林坊より徒歩1分

【お品書き】
大根 400円／玉子 150円／しのだ巻き 400円／こんにゃく 200円／ロールキャベツ 400円／焼き豆腐 200円／じゃがいも 200円／里芋 250円／牛すじにく 600円／しらすおろし 550円／わかめ酢 550円／なめこおろし 550円／他

【酒】 グラス
立山(富山) 600円／日榮(石川) 600円

あの謡曲で有名な「鉢の木物語」の佐野源左ェ門からとった店名。真偽のほどは分からないが主人の先祖かもしれないのだという。心を尽くしたおもてなしが期待できそうだ

石川

源左ェ門

現代版「鉢の木物語」とも思えるおもてなしを楽しめる

犀川にかかる新橋の近く木倉町通りは飲食店などが多い商店街となっている。そんな旨い物が多くひしめく中に「源左ェ衛門」はある。

どこかで聞いた名だと思っていたらあの謡曲で有名な「鉢の木物語」の佐野源左ェ門からとったのだという。主人の姓が佐野で小さい頃の渾名が源左ェ門だったこと、もしくは先祖に佐野源左ェ門がいるからだとも主人は言う。

地ものにこだわらず各地の旨い酒を出す。おすすめはオリジナル源左ェ門だ。ここでは趣向をこらして竹筒に入った日本酒を味わうことも出来る。酒に合う肴も多く取り揃えている。特に加賀名物、治部煮（じぶに）は絶品だ。

主人はたまに客席で話し相手になってくれる。

「お客と話すというよりも、

入り口には「稼ぎ中」の看板がある。ご愛敬も忘れることはない

わきあいあいとした雰囲気づくりを心がけています」

ここにのめり込めば源左ェ門友の会で年に2回ほど利き酒を楽しめる。現在会員は全部で130人程。「酒の魅力は天井をしらないこと」

つまり奥が深い酒を皆と分かち合いたいというのだ。造るたびに違う酒の魅力と発見の楽しみをこの友の会では存分に堪能できることだろう。

真偽のほどは分からないがあの梅・松・桜の鉢の木を客をもてなすために惜しげもなく薪にしてしまう佐野源左ェ門。彼の心からのもてなしがこの「源左ェ門」の主人にもきっとあるに違いない。

「いざ、鎌倉」ならぬ「いざ、源左ェ門」と焦る気持ちを抑え、また行ってみたい名店である。

お座敷は40人ほどは入れるキャパシティがあり、団体客でも楽しめる

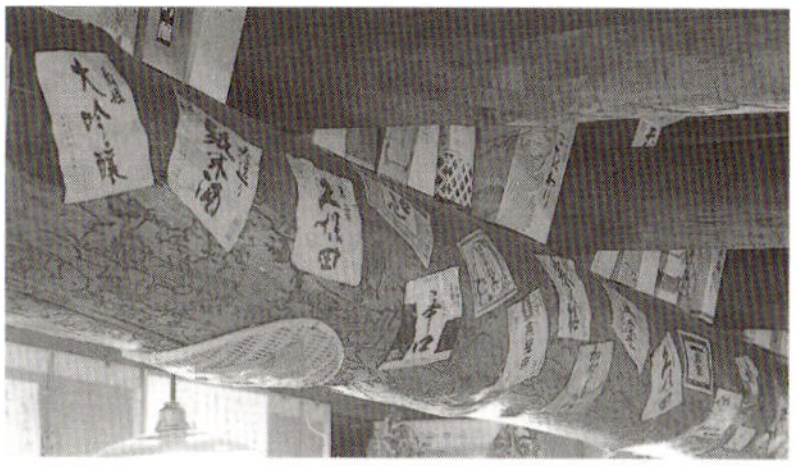
天井の梁には、日本酒の銘酒ラベルが貼られている。その多さに圧倒される

主人は客席に来てはお客さんとのコミュニケーションをとるのが好きという

主人の佐野彰さん。その笑顔に佐野源左ェ門の面影が見えるに違いない

「刺身盛り合わせ」1500円。名物の「治部煮」880円。「蟹みそ甲羅焼き」880円。どれも酒に合いとても旨い

●げんざえもん
石川県金沢市片町2-11-5
☎076(232)7110
営業時間　17：00～24：00
定休日　無休
交通　北鉄バス　香林坊より徒歩4分

【お品書き】
天ぷら 1000円／よせ鍋 1500円／かも鍋 1200円／蟹すき 1800円／白子酢の物 1000円／寒ぶり 1200円／焼ズワイ 1800円／蟹みそ甲羅焼き 880円／他

【酒】
オリジナル源左ェ門 900円
天狗舞（石川）／菊姫（石川）／小堀酒造 万代楽（石川）／福光屋 菊正宗（石川）／黒帯（石川）／他
350円から2000円の間で楽しめます

富山

真酒亭

富山に本当の酒肆がある酒好きが見逃さない隠れた店

主人の村田千晴さん。富山真酒の会の主催者であり、自身で出版や催し物を企画する。絵本を書くこともある

「笑ツテ入ル胡姫ノ酒肆ノ中ニ」盛唐の詩人、酒を好み奔放な性格で、酒仙と称された李白の詩である。酒肆（しゅし）とは酒を売る店、飲ませる店のこと。

　酒好きが酒を飲ませる店に入る。しかしこんな単純なことが出来なくなってしまった。李白が現代にいるならば嘆き悲しむだろうか。

　いや酒仙をも満足させるであろう酒肆が富山にある。「真酒亭」だ。JR富山駅と県庁との中間に位置するここは本当の酒好きを楽しませることが出来る。

　主人が脱サラで始めたこの店は「まともな酒を出してくれない」という不満が切っ掛けだった。良いお酒、酒の魅力を伝えたいという熱意もそこには含まれている。

「真酒亭」に来たなら何はともあれ「みゃあらくもん」を飲まずにはいられない。富山

店内には大変愛敬のあるものが多く飾られていて楽しい雰囲気だ

日本各地から酒好きが集まる店だ

弁で道楽者の意味だ。この酒を造るためだけに3反分だけ富山錦という米を栽培する。唯一無二の絶品だ。

　次に飲むとしたら「呑喜呆酊」（ドンキホーテ）だろうか。フランス・ブルゴーニュの実際に使った白ワイン樽で、純米吟醸の原酒を半年間寝かせ、さらに2年以上熟成させた比類なき酒だ。

　どれも真酒亭オリジナルで「真酒亭」と富山真酒の会の会員しか飲むことができない。会員は各界で活躍する方々が各地からみな良い酒を求めて集まる。

　主人は言う「良い酒が良い関係をつくる」と。あくまで主役は酒である。だから料理も酒を引き立てるものでなければならない。すりみ揚げ、もずく・じゅんさい酢物どれも酒を邪魔しない。

　店内には落語のBGMが流れる。これも無遠慮な音楽よりも人の話し声である落語が作り上げる雰囲気を大事にする主人の気配りだ。

　酒肆という言葉が実によく似合う店だ。酒に自信がなければ出来ない。

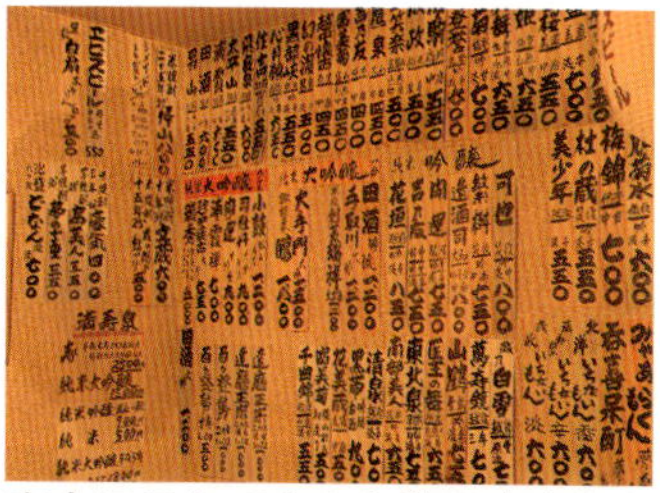
店内にこれでもかと貼り出された銘酒の一つひとつに個性がある

質素な入り口の奥に銘酒はある

「すりみ揚げ」500円。「もずく・じゅんさい酢物」400円。他にも酒に合う肴が豊富にある

店内は完全分煙化されて居心地が良い

●まさけてい
富山県富山市桜町2-6-20
福沢ビル２階
☎076(441)0399
営業時間　17：00～22：00
定休日　月曜、祝日、年末・年始
交通　JR富山駅より徒歩10分

【お品書き】
冷やっこ 450円／すりみ揚げ 500円／もずく・じゅんさい酢物 400円／チョリソー 400円／他

【酒】正一合
みゃあらくもん 800円／呑喜呆酊（グラス）450円／美少年（肥後） 550円／杜の蔵（筑後） 550円／梅錦（伊予） 700円／可也（筑後） 800円／繁桝（筑後） 750円／他
何人でどのくらい飲むか事前に連絡すると、主人が全国の銘酒を用意してくれる

盛大に盛られた「本ズワイ蟹」がお客を一段とにぎやかにし、また楽しませる。さまざまな色合いが楽しめるのも魚処ならではの醍醐味だ

富山

魚処 やつはし

四方漁港の新鮮な味を純粋に味わえ、堪能できる名店

富山市桜木町はクラブやバーなどが立ち並ぶ歓楽街である。夜になると華やかなネオンが町を彩り、観光客や赤ら顔になった大人達を飲み込んでいく。

そんな極彩色を構成する飲食店の一つに「やつはし」も含まれる。

漁師のもとで生まれ、小さい頃から魚と親しんで来た。25才で魚屋を開業、だから魚には絶対の自信を持っているという。つまり「やつはし」は居酒屋ではなく「魚処やつはし」になるわけだ。

店内には大きな魚拓が飾ってある。主人は釣りも好きなのかと思いきや友達の息子が大の釣り好きで飾ってやっているのだという。しかし魚拓といいこの雰囲気は魚好きにはたまらないだろう。

肝心な魚である。「やつはし」の主な仕入先は四方（よかた）漁港である。

富山湾沿岸のほぼ中央に位置する四方漁港は釣り人にも人気の良質な魚がとれる港で有名だ。サヨリ、フクラギなどをもとめて遠くからも多くの釣り人がやって来る。また冬場にはブリが獲れ、抜群の旨さを提供してくれる。

四方は歴史も古く富山藩のお膝元で活気溢れる漁港であった。主人の祖父の代には天

主人の八ツ橋昭夫さん

豊富で彩りも美しい各種盛り合わせと刺身。新鮮な魚は天候に左右されるため時価になることが多い

秤を担いで行商に卸す、昔ながらの作業も行われていた。

やつはしは湾内根付きの魚と、春はホタルイカに始り、夏は白エビ、岩牡蠣が旨い。また冬の時期になるとブリはもちろん、あんこう、ほたるいか、かに、牡蠣が旨いだろう。四季折々の魚が堪能できるのも魚処だから出来ること。

酒は立山だ。酒ではなく魚が主役だから魚の旨さを引きたてることが重要だ。

旨い魚を出せば、魚にうるさいお客も自ずとやって来る。脂ののり具合、時には魚を絞める時間にまでこだわる主人。そうしたやり取りを通して主人も成長する。口こみで地元からこの店を成長させてきた自負もある。主人はいつもこう願う、

「美味しさの奥にある旨みを分かって欲しい」

と。魚を知り尽したからこそ言える言葉だ。

暖簾にかかれた魚処という文字が主人の自信を表現する

友人の息子さんが釣り上げたものが店内には飾ってある

魚処だからこそ魚にうるさい客もやってくるから気が抜けない

ずらりと並んだお品書き。どれも新鮮な魚が食欲を誘う

●さかなどころ　やつはし
富山県富山市桜木町6-4 千歳ビル1F
☎076(431)8284
営業時間　6：00～22：00
交通　JR富山駅より徒歩15分
定休日　日曜、祝日

【お品書き】
真鯛／黒鯛／石鯛／甘蝦／赤ムツ／ひらめ／雑魚汁 800円／お刺身盛り合わせ 1800円／から揚げ各種／焼魚・煮魚 800円より／酢物 600円より／他魚各種時価になります

【酒】1.7合入り
銀嶺 立山(富山)大吟醸 2800円、吟醸1300円、清酒 800円

徳島

ほんちょう

新鮮な鳴戸の地魚と旨い酒の絶妙な出会いが舌を圧倒する

徳島の駅頭に立ったとたん、陽光の眩しさに目を覆いたくなったほどだ。さすが「水の都」と形容されているくらいに川風が心地よい。吉野川を中心に、町中を流れる新町川など水と緑に恵まれた町並みが美しい。水に恵まれたところに銘酒あり、というが、それを裏付ける、頼もしい居酒屋があった。

駅前からほど近い中央通りにたどり着くと、ひときわ陽気な光と笑い声にさんざめく一角がある。

入るなり、活きの良い魚介類が豪快に並べられた光景に圧倒された。さらにカウンターのガラスケースには極上の新鮮素材が山盛りで我々を待ち構えていた。

なんでも店主はもと寿司職人だったというから、魚にはうるさい。仕入先とはもう何十年という付き合いだという。なるほど、こちらは身をあずけて、心おきなく舌つづみを打てるという寸法だ。どれも

主人の廣石鉄二さん。何でも相談に応じてくれる気さくな人柄だ

1階はカウンターとお座敷、2階は4つの部屋が用意されている。週末は家族連れでにぎわう気軽さもまたよい

手前から「海藤花（たこの子）」１５００円「松茸土瓶蒸し」１０００円「ごま豆腐」３００円

（手前）「刺身盛り合わせ（鳴門鯛、かつお、赤貝）」１５００円（奥右）「車えびとえびみそ」1300円（奥左）「山芋としめじの木の芽合え」400円

みな旨そうで目移りして仕方がない。見かねた主人が「今日はいいアジが手に入ったから、たたきが最高ですよ」と、声をかけてくれる。肴だけではない。「ほんちょう」は酒に対してもとことんこだわっている。地酒をはじめ、日本全国の酒造元を訪ね歩き、自分が納得したものだけを店に並べる。酒に肴に、人一倍こだわりたいという輩、あるいはうまけりゃいいという人でも、ここでは至福の時を過ごせそうだ。主人の口からもポンポンと冗談も飛び出してくる。

　大柄で恰幅のいい主人が、見事な包丁使いで次々と魚をさばいてゆく姿をカウンター越しに見つめながら、居酒屋の醍醐味にどっぷりつかっている自分に不意に、そしてふわっとした酔い心地を覚えたのだった。これぞ旨い居酒屋ならではのもてなしというわけか。時も深まり、宴もたけなわという頃には身も心も充足し、後ろ髪を引かれる思いで店を後にするのだった。

徳島の地酒「芳水大吟醸」を始め、全国の銘酒が揃う

●ほんちょう
徳島県徳島市中央通り1-25-1
☎088（622）1239
営業時間　16：00〜23：00
定休日　日曜、祝日（予約があれば２名より可）
交通　JR徳島駅より徒歩15分
【お品書き】
刺身盛り合わせ 2000円／あじのたたき 2000円／かつおのたたき 2000円／平目 1500円／いか 1300円／たこブツ 800円／ちゃんこ鍋 3000円／キムチ鍋 3000円／くえ鍋 7000円／他
焼きタラバガニ 2000円／車えび大 1500円／太刀魚 1300円／自家製のジャコ天 400円／舌平目の唐揚げ 1000円／他
【酒】全て正一合
鳴門秘帖（徳島）大吟醸 1800円／天界（島根）純米吟醸 1000円／極上吉乃川（新潟）吟醸 1000円／他

店の外観。周辺のビル群のなかで、ひときわ温かい雰囲気を感じさせるちょうちんの灯りに懐かしさがこみ上げる

高知

とんちゃん

豚の内臓料理が中心のオリジナル珍味がずらりと並ぶ圧巻

大鍋で豚肉のホルモンをじっくり「銀なべ」に煮込む主人の吉本光徳さんは、店を継いだ二代目

「本当は、別にきちんと店の名前があったんですけどね、いつのまにか店の料理の方が馴染んでたみたいだねえ」

　と、大鍋をかき混ぜながらにっこりと話し出したのは、主人の吉本光徳さん。店の名前「とんちゃん」はもともと店の名物料理の名前。豚の内臓に自家製のたれをからめて鉄板で焼いたこの料理は、ダイナミックなスタイルとたれの焦げ付く香りでたちまち空腹感を刺激する。

　先代が豚の内臓に目をつけて店を起こした当初は小さな

店内はいつも会社帰りのサラリーマンで賑わう。親子三代でやってくるお客さんも見受けられる

屋台であった。それが、今では二階建ての大きな一軒の店を構えるまでに成長してきた。

「店の料理はほとんどが豚の内臓を使ったもの。ホルモン系の炒めものも多いけど、女性にもなかなかの人気です」

　主人の言葉に誘われるようにまずは「とんちゃん」を口に運ぶ。独特のたれが効いている。心底からお酒が欲しくなる、こくのある味が広がる。続けて「銀なべ」。こちらはホルモンを白味噌でじっくり煮込んだもの。様々な部分が入っているので、つまんだ一切れ一切れ、味が違う。さっぱりしたものが欲しくなれば「どろがゆ」に手が伸びる。出汁で溶いた蕎麦粉の中に、たっぷりと季節物の野菜が入っていて、飽きない。酒の席の最後の品として注文する人が多いと言うのもうなずける。満足感でいっぱいだ。

　品名だけではぴんと来ない、独特の料理が癖になる。

(左、上写真奥)豚の内臓を炒めた「にらとん」450円。(上写真手前)はそば粉がベースの「どろがゆ」600円

(上、右奥)「ななし」450円。ユッケのような感覚の、軽い肉刺しである。(右手前)店の名物でもある「銀なべ」450円。豚肉のホルモン煮込みで、好きな人にはたまらない味

●とんちゃん
高知県高知市帯屋町1-3-8
☎088(823)7773(1階)
088(823)6204(2階)
営業時間　17：00〜23：00
定休日　日曜
交通　JR高知駅より徒歩10分
【お品書き】
とんちゃん 400円／蒙古ステーキ 600円／南極 800円／なんこつ 450円／ジンギスカン 450円／豚足 450円／げてもの 400円／つめ 400円／他
【酒】
司牡丹(土佐) 300円(コップ)／瀧嵐(高知) 600円(ビン)／他

夜の帯屋町の街に浮かび上がる店は、実に堂々とした風格

香川

美人亭

気さくな美人のもてなしに男達が安らぎを求めてやまない

この名についつい引かれてやって来る男性陣もきっといるに違いない。

高松市にある「美人亭」は、女性2人がもてなす居酒屋だ。

この店を始めて15年という主人は、もともと商売がしたかったのだという。港町に住んでいたこともあって昔から魚に親しんでおり、あの独特の魚市場の雰囲気にすっかり魅了され、今ではこうして自分でその念願の夢をかなえたというわけだ。

朝6時にみずから市場へ出かけ、自身の目で魚を選ぶ。妥協はしない。

女だからこそできる細かい気配り、心遣い。小魚を良く使うことが多いこの地方独特の瀬戸内料理も、繊細な手つきで器用に捌く。

さっそく注文しようとしたが、店内ぐるっと見渡しても、はて、お品書きというものが見つからない。聞けば、この店を開店してからずっと置いていないという。どんな魚が

すっきりとした味が評判の地酒が瀬戸内料理に不思議と合う

カウンターは常連客で連日盛況だ。2人を目当てにやって来る人も多い。ショーケースには仕入れたばかりの魚が悠然と並ぶ

食べたいかという好みに応じて、予算をあらかじめ伝えておけば、刺身にするもよし、焼き物もよし、どんな注文にも応えてくれる。魚好きな店主がふるまう料理は、味も値段も安心できるから、こちらは何の心配もせずにゆっくりと味わえるというわけだ。

主人の温和で明るい人柄も男達を引きつけて止まないのだろう。そもそも人をもてなすこと、喜んでもらうのが大好きで、またそれが楽しくてしようがないという。

だからいつも店内は客との語らいでにぎやかな雰囲気に包まれている。職場で、家庭で、普段見せることのない生き生きとした表情をみせるサラリーマンが大勢いるのだ。自然と肩の荷が下りてほっと一息つく瞬間。そんな場所は男にとってまさに安らぎの空間といえよう。

女性が持つ特有のしなやかさが満ち、居心地のよさを演出している。旨い魚と酒を供として和やかな空間を味わう。時はゆったり流れて行く。

カウンターのほかに、ゆったりと寛げるお座敷が用意されている

主人の藤田鈴子さん。いつも笑顔で迎えてくれる

「あじの刺身」生きのよさが違う

手前から「めばる煮つけ」「いいだこ煮つけ」「わたりがに」「ふぐ塩焼き」「べろこ三杯酢」

「美人亭」は真心込めた料理で男達を迎えてくれる

●びじんてい
香川県高松市瓦町２-２-10
☎087(861)0275
営業時間　17：00～22：00
定休日　日曜、祝日
交通　JR高松駅からことでん瓦町駅より徒歩５分

【お品書き】
めばる、きす、かれい、小あじ、さより、わたりがに、穴子、あじ、いいだこ、さざえ、ひらめ、いか、かさご、たいなど、その日仕入れたものでそれぞれ刺身、焼き物、煮物、揚げ物といった客の要望に沿って提供してくれる。相談にも気軽に応じる。値段は低価格を心がけている。
寄せ鍋　2500円～／他

【酒】 全て正一合
金凌(香川)上撰 600円／土佐鶴(高知)上撰 600円／他

常連はもちろん、出張で松山に来るサラリーマンなどがよく訪れる。
一度味わったら忘れられないという人が後をたたない

愛媛

仁平

瀬戸内の自然の恵みを存分に味わえる究極のぜいたくが粋

瀬戸内海で獲れた新鮮な魚で一杯やりたい。そう願うなら、「仁平」はその期待を決して裏切らない。

松山の繁華街の中心に、夜が更けてもこうこうと灯りが洩れる一軒の居酒屋。朝の5時まで営業しているのは、このあたりでは珍しい。

今の主人は、18年前にここで開業をしてから、試行錯誤を重ねてやってきたという努力の人だ。

主人は魚のことになると言葉に力がこもるほど仕入れには熱心な人だ。ここはおすすめを聞くのがいいだろう。ガラスケースの魚をあっという間に器用な手つきで見事な完成品へと昇華させる。甘さが口の中で広がっていく奥深い味に思わず舌を巻いた。

瀬戸内海は小魚が豊富に獲れるのが特徴だ。めばる、とらはぜ、きす、そういった地魚を使った肴がこの店の人気を不動のものとしている。

また、肴に合うための銘酒に独自の拘りを持っている。辛口を揃えているのは、淡白な味が多い瀬戸内料理にちょうどいいと、決して譲らない。ほんとうにその通りなのだから、こっちは黙って従うしかない。

客層はサラリーマンに混じって、最近ではカップルでやってくる姿が目立ってきた。誰でも気軽に足を運べるのは、主人が個人的な付き合いを大切にしたいという思い入れが強いからなのだろう。

主人は決して口数が多い人ではない。客同士のそれぞれ

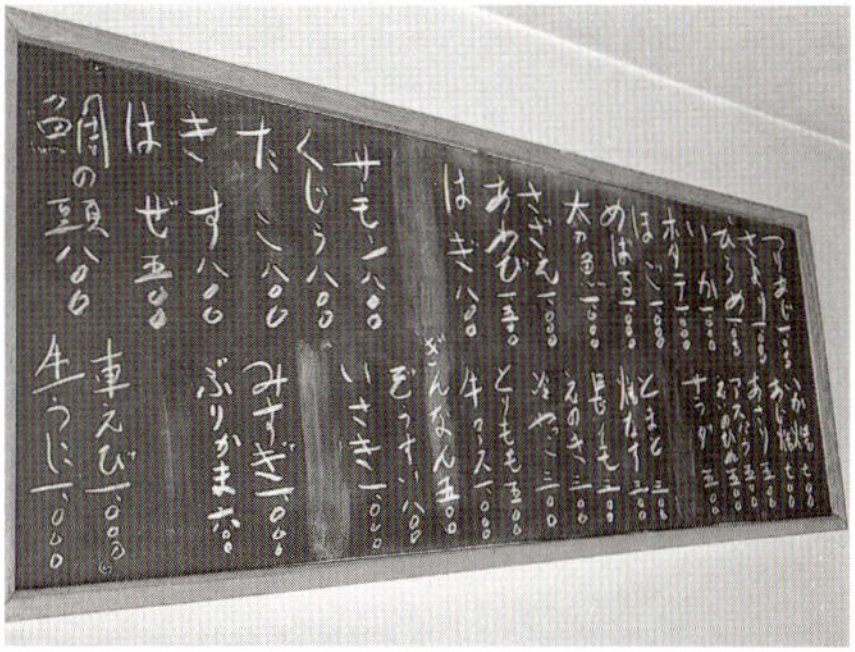

お品書きのほんの一部。今日のおすすめの他、主人みずから相談に応じてくれるというからたのもしい限りだ

がっしりとした分厚い造りのカウンター。落ち着いた照明の下若いカップルから高齢者まで幅広い世代から親しまれている

「いつも新鮮な魚が手に入るように努力しています」という主人の松下雅彦さん

（上）「ほご（かさご）の唐揚げ」1000円
（下）みずみずしい新鮮野菜もカウンターに並ぶ

「はぎの薄造り」一人前 800円
（写真は四人前）

●じんぺい
愛媛県松山市２番町１−５−15
ヒトミビル１階
☎089（941）1675
営業時間　17：00〜翌朝５：00
定休日　無休
交通　JR松山駅から伊予鉄道市内電車　勝山町より徒歩５分

【お品書き】
刺身　つりあじ 1000円／さより 1000円／平目 1000円／いか 1000円／他
焼き物　太刀魚 1000円／あじ焼き 700円／いか焼き 700円／揚げ物　野菜12〜13品 各100円／他

【酒】 600mlビン１本
小富士（愛媛）純米 1000円／雪雀（愛媛）純米 1000円／無冠帝（新潟）吟醸 コップ 600円／他

が楽しんでいる雰囲気をこわさないように気を遣っているのだろう。控えめな物腰、穏やかな表情で店内を見守っている。だから客の会話が響き渡るだけの和やかな空気がいつも流れている。

華やかな通りを歩いていて人の喧騒に嫌気がさしたとき、こんな客思いの居酒屋があれば誰でも迷わず暖簾をくぐってしまうに違いない。安堵感に満ち足りた雰囲気に浸りつつ、居心地のいい居酒屋に巡り会えたと感激をあらわにする自分がいた。

おでん いこい

ノスタルジックな情緒が溢れるサラリーマン達のオアシス

おでんほど酒と相性のいい肴はない。老若男女に幅広く親しまれてきた庶民の味だ。酒のペースを乱さず、その存在は主張しすぎるということがない。小銭があれば空腹もおさまる。これは絶妙な組み合わせだ。

松山の「おでん　いこい」は、こうした理想的な居酒屋の原点ともいうべき姿を我々に示してくれる。創業当時からほとんど変わらぬ店構えは、45年という時の経過を感じさせる。店の中に一歩足を踏み入れると、何ともいえない懐かしさが漂う。こぢんまりとしているが圧迫感はなく、店の狭さをそれほど感じさせない。

風情ある黒板に書かれたお品書き。本日のおすすめに自然と目が向いてしまう

店主の大塚愛子さん　サラリーマンのお母さん的存在だ

京風の味付けであっさりとした味わいが評判のおでん。店内に広がる家庭的な空間に心もなごむ

いかにも大衆酒場といった雰囲気漂う入り口。客足がいつも絶えない

いのが不思議なくらいだ。年季が入ったカウンターは黒光りし、いい感触だ。次から次へと仕事から解放された男たちで店は埋め尽くされてゆく。

客の注文に手際よく応対しているのは、今年で72歳になるという女主人だ。ここのおでんは意外とさっぱりとしていて、酒がぐいぐい飲める。揃えた地酒は数こそ少ないが、これも肴がシンプルだからこそと妙に納得した。

嬉しいことに、ここではおでんに限らず瀬戸内海の自然の恵みを贅沢に堪能できる。物足りなさを感じさせないのが心にくい。

皆それぞれが自分の時間を謳歌している。サラリーマンらが様々な想いを抱えながらここへやって来て、つかの間の癒しに身を委ねる。あえて干渉せず、客とはいつもと同じ距離を保つ。こんな空気が流れる「おでん　いこい」は、まさにサラリーマンにとっての憩いの場そのものなのだ。

広島の焼酎「面壁九年」。炭坑の中で9年間ねかせたという珍しいものだ

手前から「ほごの煮付」700円「かんぱちの刺身」700円

左から「カニの塩茹で」700円「サザエのつぼ焼き」一人前600円「冷酒 風鈴 上撰(愛媛)」800円

●おでん　いこい
愛媛県松山市2番町2-3-1
☎089(921)0875
営業時間　17：00～22：30
定休日　日曜、祝日
交通　JR松山駅より伊予鉄道市内電車　勝山町より徒歩5分

【お品書き】
おでん各種 100円～／寄せ鍋 一人前1300円～／魚ちり鍋 一人前1500円～／ほうたれ鰯の天ぷら 400円／かき揚げ 500円／さんま特大 600円／つりあじ 700円／他

【酒】 全て正一合
京美人(愛媛)上撰 350円～／にごり酒(愛媛)上撰 400円～／島錦(愛媛)上撰 400円～／土佐鶴(高知)上撰 400円～／他

厳選した素材からとった出汁が絶品。種は蒲鉾で名高い宇和島産にこだわる。

広島

流川源蔵

今なお漂う昭和の匂いに囲まれて古きよき時代を偲ぶ一時

2階まで届く巨大な樽がひときわ目立つ外観。この樽を目指してやって来るサラリーマンが大勢いる

店の人気メニュー「ふぐの刺身」1800円

「こいわしの刺身」400円

歴史に造詣が深い者なら「源蔵」という名でピンとくるだろう。そう、あの忠臣蔵で有名な赤穂浪士の一人、赤垣源蔵に由来している。この人物は大変な酒好きで、講談のエピソードがよく知られているが、何とも気の利いた響きがあるではないか。

「源蔵」という名の居酒屋は、ここ広島市内に何軒か存在するが、戦前からこの地で親しまれ、創業60余年にもなるというここが総本家だ。流川通りの中心に店を構え、入れ替わりが激しい中、この地域では異例の存在である。

入り口の巨大な樽に出迎えられて暖簾をくぐると、そこは昭和の匂いが漂い、別の世界に足を踏み入れたかのような錯覚に陥ってしまう。

店内は開業当時から使われていたという木製の調理台や仕入れ用のバイク、看板、テーブルなど数え上げたら切りがないが、店主の思い出が詰まった大切なものばかりだ。

父の跡を継いでから長い年月を経て、今なお当時の「昭和」という時代を思い起こさせるのは、創業者である父への深い思い入れがあるからこそなのだろう。

戦後の廃墟から生まれた古きよき酒場の証し。歴史の重みが築き上げてきた産物を目の当たりにして、胸の奥から熱いものがこみ上げた。目新しさにばかりとらわれ、我々が見失っているもの、日ごろ感じることのない懐かしさをここではありありと体験させてくれる。

昭和から平成へと世の中は移り変わり、時の流れには逆らえないが、いつ来てもそんな空間に身を置くことのできる貴重な存在でありつづけてほしい。そう切に願いながら、一杯目の酒を飲み干した。

厨房の主人、國司秀則さんは謙虚にこの店を守り続けている

値段は驚くほど安いのに、味も文句なし。ふぐ料理や釜飯に定評がある

ガラスのショーケースには毎日様々な一品料理が並ぶ

カウンターの椅子。樽に書かれているのは一押しの地酒「㐂久牡丹」

●ながれかわ　げんぞう
広島県広島市中区流川町３－５
☎082(241)8588
営業時間　12：00～23：00
定休日　第１・３月曜、第２・４日曜
交通　JR市電　胡町電停より徒歩５分

【お品書き】
刺身盛り合せ 800円～／かつおたたき 500円／さば 450円／まぐろ 580円／ふぐちり 800円／生だこ刺身 580円／釜飯 700円～／ふぐ皮 550円／つぶ貝 480円／こいわしの天ぷら 400円／他

【酒】全て正一合
㐂久牡丹（広島）大吟醸 1300円、上撰 650円／他

ホルモン みすみ

入り組んだ静かな路地の奥に隠れ家的ホルモン居酒屋発見

料理はホルモンのみ。ビール、日本酒、ウッチン茶あり

初めての人が「ホルモンみすみ」へたどり着くことは容易ではない。なんて言うと、何事かと思うだろうが、つまり、店までの道順がややこしいのである。

国体道路の中州に向かって歩き、三光橋を右に曲がり、3本目の通りを左へ行くとすぐ。これは主人が、初めての客を案内するときに使う道順で、通りや橋の名前は、地元の人では、知らない人はいない。それでも、この説明で店にたどり着ける人はほとんどいないという。今は、携帯電話の時代で、近くまで行って迷ったら電話できけるわけだから、以前ほど大変ではないだろうが。開店から今年で36年。携帯電話の普及していない頃は、あきらめて帰ってしまった人もさぞ多かったろうと思う。

この辺りは、小さな路地が何本も入り組んでいる所で、

串刺のホルモンを味噌仕立てで煮込む。大阪ではあたり前の「どて焼き」、味噌味のホルモンおでんのようなもの。小腸、肺、胃などが刺さっている

カウンターの10席のみ。お客は常連さんが9割だという

入り組んだ路地にあるため、場所がわかりずらい

なかなか説明しづらいようだ。近年は、辺りに飲み屋も何軒かできてきたというが、やはりひっそりとした印象は変わらない。主人はきっと、京都のように道が碁盤の目状になっていたらなぁ、と何度となく思ったに違いない。

　さて、本題に入るが、料理のメニューはホルモンのみ。その他肴が一切ないのが、潔くていいではないか。酒の肴はこのホルモンだけで充分というわけだ。肴ではなくメインといわないと怒られるかも。

　串に刺さった牛の小腸、肺、赤せんまいといわれる胃を味噌仕立てのつゆで煮込む。味噌味のおでんだと思っていただければいい。コクがあるが、意外にあっさりとしている。

　お客のたいていはビジネスマンの常連だが、もつ鍋流行の頃から、女性客が増えてきたという。9割は常連客だというが、なんだか隠れ家的な雰囲気でいい。こんな店の常連になりたいと切に思う。

コクがあるが、意外にあっさりとした味。日本酒にも焼酎にも合う

優しげな主人、三角藤夫さん

●ほるもん　みすみ
福岡県福岡市中央区春吉3-24-21
☎092(731)4779
営業時間　17：00〜22：00
定休日　日曜、祝日
交通　地下鉄天神駅より徒歩10分

【お品書き】
ホルモン煮一本 120円

【酒】
冨の寿 福岡 一合弱 320円／冨の寿(冷酒)300ml 690円／いも焼酎 麦焼酎 きりしま(宮崎)グラス 250円

根元から、牛の小腸、肺、小腸、はちのす。カロリーが低くヘルシーで、最近は女性にも人気だ

福岡

やす

42年間博多の家庭料理で客を満足させ続けてきた店

主人の大庭宗一さん。地元のラジオ番組のパーソナリティーも担当するなど、人気が高い

この辺りは、ビジネスマンでにぎわうオフィス街である。そんな堅苦しい印象の街に、博多の家庭料理を中心とした、なんだかほっとする居酒屋がある。

常時15〜16種類の料理が、大皿に盛られ、ずらりと並んでいる。それらの料理は、早くお客の喉元を通り、胃袋にたどり着くのを今か今かと、心待ちにしているようにも見える。

そのメニューはバラエティーに富んでおり、各種焼魚、目玉焼き、野菜炒め、ニラとじ、豚肉キムチ炒め、ほうれん草バター、焼きちゃんぽん、鍋もの、お茶漬け、ぞうすいなどなど、枚挙にいとまのないほど、様々な博多の家庭料理を味わえる。毎日来ても飽きないほどの品揃えだ。

お酒も、日本酒、いも、麦、蕎麦の焼酎が揃っているので、色々楽しめる。

こちらは、昭和33年開店と、長い間、博多っこや博多を訪

日本酒、いも、麦、蕎麦焼酎が揃っている

れる人々のお腹を、満足させてきた。今の主人は二代目。

「母が初代で、今は私と弟でやっています。今年で開店から42年目です」

と主人はさらりと言う。

「普通に博多の家庭料理を出しているだけなんで、今まで特に店や料理をアピールして来たわけではないんですよ」

といいながらも、この店の人気には、揺るぎない確かな歴史がある。

この仰々しくないところがいいなぁと思う。お客もきっとそう思っている。博多の家庭料理を普通に出す。お客はそれに満足して帰っていく。それがこの42年間ずっと続いてきたことは、やはりすごい。こんなご時世だからこそ、なおすごい。

老若男女様々なお客が訪れる。この辺りはオフィス街ということもあって、会社勤めの人なども良く見かける。ひとり暮らしの若いサラリーマンは、こんな家庭的な料理には目がないんだろう。不摂生な生活を送っている人は、こちらで軌道修正するといい。心と体に元気と栄養をたっぷりと与えてくれる。

店内には、お祭りなどの写真がたくさん飾られている

料理は大皿に盛られて置かれている

大皿に盛られた料理は、どれも家庭的なものばかり

おでんは120円からある

手前「ごまさば」600円。「牛スジスープ」600円

きのこのたっぷり入った「きのこ鍋」一人前だと900円

●やす
福岡県福岡市博多区下川端町8−17
☎092(291)7408
営業時間　17：00〜22：30
定休日　土、日曜、祝日
交通　地下鉄　中州川端駅より徒歩３分

【お品書き】
ししゃも 600円／げそ塩焼き 600円／焼厚揚げ 400円／野菜炒め 700円／豚肉キムチ炒め 700円／ほうれん草バター 600円／牛スジスープ 600円／焼きちゃんぽん 700円／牛スジラーメン 700円／他

【酒】全てグラス
清酒 九州 350円／いも焼酎 白波 350円／麦焼酎 与作 350円／そば焼酎 雲海 350円

長崎

おでん 桃若

おでんのつゆは昭和6年の開店当時から継ぎ足し継ぎ足しで今まで来ている

昭和6年から続く長崎駅前のおでん屋に名物おやじ有り

長崎駅の目の前におでん屋がある。といって、ただのおでん屋だと思ってはいけない。〝駅前のそれ〟とは一線を画す存在である。

「おでん桃若」は、昭和6年開店。長い間の歴史と実績、信念と信頼がびっしりと詰まっているすごいおでん屋なのである。なんといってもつゆがすごい。開店当時からずっと継ぎ足し継ぎ足しで今まできているのだ。これはすごい。

カウンター席が主人とおでんを囲むようにして並んでいる

たねは大根、白菜、たこからとうもろこしや牛スジ肉、牡蠣などバラエティー豊かに揃っている。あじのかまぼこやふくろ、ロールキャベツなどはもちろん手間ひまかけて仕込んだ手作り。全てのたねを仕込むのに約10時間ほどかかるらしい。それもそのはず、おでんのつゆで煮込む前に、一度下味をつける手間のかけよう。おでんは直接火にかけるのではなく、湯煎にかけながら煮るので素材にまったくすがたたない。豆腐のように柔らかい素材でも、型崩れすることなどなくじわっと煮上がる。それを柚子胡椒でいただくなんて幸せだ。

さて、つゆである。旨みが凝縮されてこそいるが、上品な薄味仕立て。全ての素材の味が詰まった極上スープは、それだけで出される。時にはおでん茶漬として、ご飯の上にかけられたりと、大活躍。

「味は保証します」

と主人はさらりと言う。が、何十年もの間、毎日同じつゆの味を保ちつづけるのは並大抵のことではないはずだ。

今の主人で三代目。この主人がまたいい味を出しているんだなぁ。「おでん桃若」は、別名〝変人の店〟と呼ばれているらしい。

変人とは主人のこと。マナーの悪いお客が大嫌いで、酔っぱらいや態度の悪いお客を店からつまみ出すなんてことは、しょっちゅうらしい。でもこれはすごく真っ当なことではないか。店の雰囲気を壊して、楽しく食事し飲んでいるお客の邪魔をしている人なんざぁつまみ出されて当たり前。そこで知らん顔する店主がいてはいけない。そして、主人自身が言っていたことだが、お客をお客と思わないようなざっくばらんな接客が一風変わった店と思われるのだろう。

なんだかんだ言っても、ここに来るお客はこの主人の大ファンなわけで、そんな人柄が最高の魅力なのだ。

その日あるおでんのメニューが壁に掛けられている

三代目主人の大月紘一さん

「大根、白菜、銀杏、厚揚」150円。「ロールキャベツ」250円。「たこ、とうもろこし」200円

たいていのものは150円。柚子胡椒でいただく

長崎駅の目の前にある。奥に見えるのが駅ビル

●おでん　ももわか
長崎県長崎市大黒町10-1
☎095(823)5732
営業時間　16：30～23：00
定休日　日曜、祝日
交通　JR長崎駅より徒歩１分
【お品書き】
あじかまぼこ 200円／ふくろ 250円／ロールキャベツ 250円／牡蠣スープ（牡蠣のおでん）400円／とうもろこし 200円／他
【酒】全てグラス
鳳金宝（福島）純米原酒 500円／いも焼酎 薩摩むそう 400円／他

鹿児島

焼酎天国

文化とロマン溢れる鹿児島で感じる女将さんの心意気

「豚骨」500円。鹿児島特産である黒豚のアバラ骨を味噌味で4～5時間煮こんだもの

鹿児島一の繁華街、天文館周辺。夜ともなれば華やかなにぎわいを見せる街である。

そんな中にある「焼酎天国」は、地元の人だけでなく他県から来るお客が非常に多い。出張で来たビジネスマンや若い男女の観光客が、この店目当てにやって来る。

「雑誌に載った記事を見て、わざわざ来てくれるお客様も多いんです。本当にうれしいですよ」

と、主人は感謝の気持ちで一杯という様子で微笑んだ。

この人気ぶりの理由は、どうやら女将さんにあるらしい。少し言葉を交わせば、女将さんの魅力、パワーに圧倒されるだろう。なんともエネルギッシュで、チャキチャキ、ハキハキといった感じで、温かさも伝わってくる。

「ひろげよう、飲ミニケーションの輪。その精神でやっています。世の中IT革命、うちは逢いたい革命。人との出逢いは、人生でも一番の財産ですよ」

とテンポ良く話す。本当に人が好きなんだな、と、こちらをしみじみさせる口調である。

女将さんは接客を担当し、料理の方は料理長に任せているという。それらは、焼酎の肴としてぴったり合うような品揃えと、味付けが考えられ

女将の浜園幸子さん

ている。健康に気をつかう人が増えているので、ヘルシーなものを食べ過ぎることのないようちょうどいい量で出しているなど、女将の心配りが感じられる。なかなか手のかかっているものもある。人気メニューの豚骨は、鹿児島県特産である黒豚のアバラ骨を4～5時間もじっくりと煮込んだものである。余分な脂は抜け、旨みの凝縮された味噌味は、焼酎にたまらなく合う。一本釣りの鰹の脂の乗り切った腹部分をあぶったものもいい。想像するだけでも喉がうなるほどだ。

酒はやはりいも焼酎のみ。といっても、島美人、伊佐大泉など、かなりの銘柄が揃っている。飲み比べをしても楽しいだろう。味もさることながら、感激なのが値段。ほとんどのものがグラス一杯100円！　良心的だ。

「文化とロマン溢れる鹿児島で、おばさんの心意気とパワーを感じてください」

と女将さん。この愛とパワーと共に飲めば、暗さも吹っ飛び、極楽気分。なるほど「焼酎天国」だ。

天文館周辺は鹿児島でも一番の繁華街

県外から訪れるお客が多い

鹿児島は地鶏が有名。
「地鶏刺身」500円

新鮮で生きのいい
「きびなごの刺身」400円

ぷっくりと厚みのある
「さつま揚げ」300円

「かつを腹皮」300円。脂の乗り切った腹部分の焼き物

●しょうちゅうてんごく
鹿児島県鹿児島市山之口町9-33
☎099(224)9750
営業時間　17：00～23：00
定休日　日曜、祝日
交通　JR本線　西鹿児島駅より徒歩５分

【お品書き】
めざし 300円／キビ天ぷら 400円／冷奴 300円／厚揚げ 400円／串焼 300円／馬刺し 800円／たこ刺し 600円／他

【酒】 全てグラス
いも焼酎
島美人 100円／田宛 100円／晴耕雨読 100円／伊佐大泉 100円／伊佐美 300円／他

沖縄

波照間

島唄を口ずさみながら味わう沖縄家庭料理は「おまかせ」で

ここはユニークなシステムの居酒屋である。お品書きというものは存在しない。店内での注文は基本的に〝おまかせ〟である。席についたら、女将の用意した料理が出され、それを食べる、ということ。かといって、押しつけがましかったり、一方的という印象はまるでない。

ひとりで店を切り盛りする女将さんの作る料理は、その季節に採れる沖縄古来の野菜を中心とした家庭料理。仕入れた素材を見て、煮込みにするか、炒め物にするか、などを決めるという。夏と冬とでは手に入る野菜の種類が随分違うが、常に10品の料理は出せるようにしてある。

「お客様の様子と素材を見て、7~8品出すと、お客様も満足されるようです」

お客のお腹の満足具合をぴたりと量れるのも、この道20年の女将さんだからこそ。

その季節ごとの旬の野菜なので、もちろん新鮮かつ栄養豊富でヘルシー。旬のものには、旬のものにしかないエネルギーに満ち溢れている。そんな野菜がたっぷりいただける。食生活が崩れがちな私達には、非常にありがたい。

野菜ばかりではなく、肉料理と魚料理を1品ずつ出して

友人宅に訪れたような居心地の良さを感じられる店内。どっしり腰を落とせる椅子がうれしい

店内には島唄がいつも流れている

手前「苦菜和物」３５０円。奥「冬瓜と南瓜のスープ煮」４００円。「ラフテー」６００円

店のあちらこちらに、その日に使われる食材がおいてある

「グルクンの南蛮焼き、長命草添え」６００円

くれるのもうれしい。あっさりとした味付けのものを少量で。素材の味を生かすように、煮物は昆布出汁や鰹出汁で炊いたり、炒め物は油の量を極力減らしたりと、全体的にあっさり味。

女将さんは、昔におじいちゃんやおばあちゃんが食べていた野菜が大好きだったという。仕入れる野菜も沖縄古来のものに拘り、素朴さを大事にしている。

酒は泡盛の泡波という銘柄のみ。沖縄の小さな家族が作っているので、県内でもあまり手に入らないものだそう。普通の泡盛よりまろやかで、これ飲みたさに来店するお客も多いらしい。

次第にふけていく沖縄の夜と共に酒はどんどん進み、流れる島唄を口ずさみ始める。そんな沖縄っ子と共に、楽しい夜を過ごしたい。

姉御肌という感じの主人、吉本ナナ子さん

壁には波照間島の写真が並んでいる

●はてるま
沖縄県那覇市久米2-27-1
☎098(863)5256
営業時間　19：00～23：00（要予約）
定休日　日曜、祝日
交通　45番線バス　商業高校前
久米郵便局前より約３分

【お品書き】
お品書きはなく、おまかせのみ。季節の野菜を中心とした料理は１品400円前後からあり、７～８品で3000円～3500円ほど。

【酒】
泡盛　泡波 小1000円 中2000円 大3000円

沖縄

小桜

イチャリバチョーデーの精神で一緒に唄おう飲もう皆兄弟

那覇市のメインストリート、国際通りにある、牧志交番所の横を入ると、竜宮通りの入り口が見えてくる。その通りに「小桜」がある。

そこは、親子で45年もの間営業している、こぢんまりとした家庭的な雰囲気の居酒屋。沖縄の代表的な家庭料理であるにがうりを使ったゴーヤチャンプル、そうめんチャンプル、豚を使うスーチャ、ミミガーなどがあり、それらは、泡盛やオリオンビールが美味しく飲めるよう、くど過ぎないような味付けが工夫されている。寿司やお好焼きもある。沖縄が初めてというお客には、料理について細かく丁寧に説明してくれてなんとも親切。食べ始める頃には、初めて食べるものへの不安感が、すっかり取り去られていることに気づくはず。

45年間営業しているだけあって、古くからの常連客が多いようだ。かといって観光客が入りにくい店というわけで

店内は、老若男女様々なお客で溢れている。観光客らしきグループもちらほら見られる

主人の中山孝一さん。料理について教えてくれる

メインストリートの国際通りを一本入ると、40年ほど前からある竜宮通りがある。その通りを入ってすぐに看板が見える

店内には泡盛の瓶がずらりと並んでいる

壁にはお客の写ったポラロイド写真がたくさん貼ってある

自家製の「豆腐よう」500円。6ヶ月かけて主人の手で作られる

(手前左)「みそぴー」500円。(奥)「ミミガーの和え物」400円。(右)「そーめんチャンプル」500円

はない。店内の壁には、お客のポラロイド写真がたくさん貼ってあるのだが、その中には観光客らしき人々もだいぶ見られた。

「常連さんの中には三線や笛のできる人がいるので、地元の人と観光客が一体となって、唄ったり踊ったりしながら飲んでるんですよ」と主人。

「沖縄で言う〝イチャリバチョーデー〟の精神なんです」

出逢えば皆兄弟という意味。お客同士が仲良く楽しくときを過ごせるような環境を作ってくれるなんて、最高だ。

●こざくら
沖縄県那覇市牧志3-12-21
☎098(866)3695
営業時間　18：00〜24：00
定休日　　日曜
交通　　　20番線バス　牧志より3分

【お品書き】
ゴーヤチャンプル 500円／豆腐チャンプル 500円／スーチカ(塩漬け豚) 500円／スクガラス豆腐(あいごの稚魚の塩辛を豆腐にのせたもの) 400円／島らっきょ 400円／刺盛 1000円／にぎり寿司盛り合わせ 1000円／他

【酒】 正一合
泡盛 各種 800円〜／古酒 1500円〜／オリオンビール生 500円(グラス)

太田和彦（おおた・かずひこ）
1946年生まれ。グラフィックデザイナー、作家、東北芸術工科大学教授。本業のかたわら日本各地の古い居酒屋を訪ね、いくつかの本に著す。著書「完本・居酒屋大全」（小学館文庫）、「精選・東京の居酒屋」（草思社）、「居酒屋の流儀」（講談社）、「ニッポン居酒屋放浪記」「日本の居酒屋をゆく・疾風篇」「同・望郷篇」（新潮社）、「居酒屋かもめ唄」（小学館）他

太田和彦の
全国居酒屋巡礼

初版印刷　2000年11月15日
初版発行　2000年11月30日

監修　太田和彦
撮影　都筑清(P6～7、12～31、36～37、40～41、46～47、62～65、88～91)(ｽﾀｼﾞｵ・ﾀﾞﾝｸ)、末松正義(P8～9)、鎌田英敏(P10～11)、目黒佳子(P32～35)、森谷則秋(P38～39)、遠藤宏(P42～45)、内池秀人(P48～59)、榊原孝司(P60～61)、秋葉隆(P66～67、70～71)、長谷川広幸(P68～69、72～73)、新井直哉(P74～87)、野沢幹雄(P92～93)、横井弘幸(P94～103)、井戸宙烈(P104～105)、安藤二郎(P106～109)、高橋良明(P110～113)、長尾剛明(P114～115)、西島義宏(P116～117)、西田佳世(P118～119)、橋本伸悟(P120～121)、ｻﾝ・ｼｰｶｰ(P122～123)、斉藤憲(P124～128)
編集　スタジオダンク（小林謙一、石川亜希子、入江ゆふき、板垣多実、笹原依子、星野泰啓、対馬富士夫、日下美由紀）
デザイン　スタジオダンク（冨上裕一、足立耕治、掛川竜）

発行者　若森繁男
発行所　株式会社河出書房新社
東京都渋谷区千駄ヶ谷2-32-2
電話　03（3404）1201（営業）
03（3404）8611（編集）
http://www.kawade.co.jp/

印刷・製本　大日本印刷株式会社

ISBN 4-309-70342-9